바쁜 목회자를 위한
하루 10분 챗GPT
사용 설명서

민진홍, 백형진 지음

목차

PROLOGUE
ChatGPT, 목회를 바꾸는 도구가 될 수 있을까요? / 8

CHAPTER 1.   ChatGPT를 켜는 법

1. ChatGPT의 개념 이해하기 / 12
2. ChatGPT 가입하기 / 13
3. ChatGPT 설정 바꾸기 / 16
4. ChatGPT 요금제 선택하기 / 28
5. 키워드 중심으로 ChatGPT 시작하기 / 35
6. ChatGPT로 이미지 만들기 / 38
7. 소라(SORA) 활용해서 이미지 만들기 / 40

  ChatGPT의 다양한 버전과 모델들 / 45

CHAPTER 2.   목회 현장에서 바로 사용할 수 있는 효과적인 프롬프트

1. 목회 현장에 ChatGPT가 사용될 수밖에 없는 이유 / 51
2. 절대로 ChatGPT가 할 수 없는 영역인 목회 / 52
3. ChatGPT가 목회의 영역에서 할 수 있는 일 / 53
4. 목회자를 위한 좋은 프롬프트 작성하기 / 53
   • 예시 1. 설교 예화 생성 / 55
   • 예시 2. 주보 문구 작성 / 56
   • 예시 3. 교인 상담 메시지 초안 / 58
  프롬프트 템플릿으로 연습하기 / 59

CHAPTER 3. ChatGPT를 설교 준비에 활용하기

1. 설교 준비에 ChatGPT 활용하기 / 63
2. 설교할 때 사용하는 ChatGPTs 소개하기 / 65
3. 설교 준비를 위한 실전 프롬프트 템플릿 / 66
4. 설교 작성을 위해 프롬포트 템플릿으로 실습하기 / 66
   - 예시 1. 본문 분석 및 핵심 주제 요약 / 66
   - 예시 2. 설교 예화 생성 요청 / 68
   - 예시 3. 설교문 초안 작성 / 68
5. 설교를 프롬프트 템플릿으로 연습하기 / 70

CHAPTER 4. 심방과 상담에 ChatGPT 활용하기

1. ChatGPT로 심방 메시지 작성하기 / 76
2. 심방과 상담을 위한 실전 프롬프트 템플릿 / 77
   - 예시 1. 질병 중인 성도를 위한 심방 메시지 / 77
   - 예시 2. 사랑하는 가족을 잃은 성도를 위한 위로 메시지 / 78
   - 예시 3. 자녀 문제로 고민하는 부모를 위한 상담 메시지 / 80
▧ 심방과 상담을 위한 프롬프트 템플릿으로 연습하기 / 81

CHAPTER 5. 행정 업무에 ChatGPT 활용하기

1. ChatGPT가 도와주는 목회 행정의 세 가지 역할 / 86
     1) 목회자 대신 회의록 초안 작성 및 요약하기 / 86
     2) 목회자 대신 주보 작성 및 요약하기 / 87
     3) 목회자 대신 보고서 작성 및 요약하기 / 88
2. 행정 업무를 위한 실전 프롬프트 템플릿 연습하기 / 90

CHAPTER 6. 전도, 양육, 소그룹에 ChatGPT 활용하기

1. ChatGPT로 할 수 있는 전도·양육·소그룹 사역 / 98
2. 전도와 양육에 도움을 주는 실전 프롬프트 템플릿 / 99
3. 사역별, 상황별 프롬프트로 실습하기 / 99
     • 예시 1. 전도 대상자 특성에 맞는 초청 메시지 / 99
     • 예시 2. 새가족 양육 교재 구성 / 101
     • 예시 3. 소그룹 나눔 질문 제작 / 106
4. 전도를 위한 ChatGPT 연습하기 / 107

CHAPTER 7. 사역을 돋보이게 하는 이미지 ChatGPT로 만들기

1. 스토리를 활용해서 만화 이미지로 만들기 / 114
2. 성경 캐릭터를 ChatGPT로 만들기 / 115
3. 사역별 ChatGPT 이미지 활용 사례 / 119
    1) 어린이 예배 – 유아/아동 전용 이미지 프롬프트 / 120
    2) 청소년 사역 - 큐티 노트 표지, 집회 포스터, 찬양 배경 / 120
    3) 예배 및 행사 / 121
    4) 교육 콘텐츠 - 성경공부 배경, 교재 커버 디자인 / 121
    5) 홍보 및 소통 - 웹포스터, 인스타 피드용 카드, 행사 초대장 / 122
4. 교회 이미지 제작을 위한 실전 프롬프트 템플릿 / 124
    - 예시 프롬프트 1. 유년부 예배 설교 PPT용 / 124
    - 예시 프롬프트 2. 청소년부 수련회 포스터용 / 128
5. 교회 이미지 제작을 위한 프롬프트로 실습하기 / 130
    - 연습 1. 유아부 컬러링북 제작 / 130
    - 연습 2. 중등부 찬양 배경 이미지 제작 / 130
    - 연습 3. 절기 행사 카드뉴스 제작 / 130

CHAPTER 8. 반복되는 사역은 자동화되도록 ChatGPTs로 만들기

1. ChatGPTs 가입하기 / 135
2. 반복되는 사역에 자동화 기능 설치하기 / 137
3. 앱에서 바로 써먹을 수 있는 프롬프트 실전 기술 / 138
    1) 심방 메시지 생성하기 / 138
    2) 예배 순서 생성하기 / 142
    3) 소그룹 교재 제작하기 / 146
    4) 설교요약 생성하기 / 149

CHAPTER 9. ChatGPT 도구를 안전하게 사용하기

1. 신학적 정체성을 지키기 위한 3가지 ChatGPT 사용 원칙 / 157
2. ChatGPT 사용 시 법적·윤리적 위험 방지를 위한 지침 / 160
3. ChatGPT는 도구, 목회는 사람의 성스러운 사명 / 164

● 특별자료

●
● 1. 목회자를 위한 무료 AI / 169
2. 교인 돌봄을 위한 상황별 ChatGPT 프롬프트 30개 / 172
3. 주일 설교와 예배 준비를 위한 프롬프트 30개 / 181
4. 행정 및 목회 콘텐츠를 위한 프롬프트 30개 / 193
5. 전도 및 양육 사역을 위한 프롬프트 40개 / 206
6. 설교문 구성을 위한 10가지 상황별 프롬프트 10개 / 225

PROLOGUE

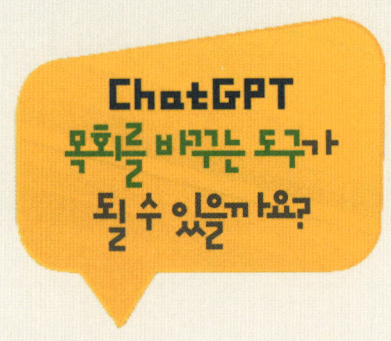
ChatGPT 목회를 바꾸는 도구가 될 수 있을까요?

"목사님, 요즘은 ChatGPT로 설교도 준비할 수 있다면서요?"

이런 말을 처음 들었을 때 많은 목회자들이 멈칫했을 것입니다. 설교는 성령의 감동으로 준비하는 것인데, 그걸 기계가 대신할 수 있는지에 대한 반발도 생기고, 그게 진짜 가능하다면 목회의 어떤 영역에 어떻게 도움을 받을 수 있을지에 대한 기대감도 생깁니다.

목회자는 매일 전쟁과 같은 분주한 일상을 보냅니다. 새벽예배부터 주중예배와 기도회, 심방과 상담, 행정업무, 회의, 전도와 양육, 디자인, 주일 설교까지…. 이렇게 많은 일을 하는데도 늘 사역에 비해 준비를 덜 한 것 같아 죄책감도 느낍니다. 해야 할 일들, 공부해야 할 책들, 게다가 이제는 인공지능까지 배워야 하니 마음도 바쁘고 몸도 지칩니다.

우리는 지금 인공지능(ChatGPT)을 마주하고 있습니다. ChatGPT는 단순한 정보 제공자가 아니라 목회자의 '조력자'가 될 수 있습니다. 물론 ChatGPT가 설교를 대신하거나 성도의 눈물을 진심으로 닦아줄 수는 없습니다. 하지만 설교 준비 과정에서 아이디어와 예화를 제안하고, 심방과 상담 시에 맞춤형 위로 메시지와 기도문을 작성하는 데는 실질적인 도움을 줄 수 있습니다.

이 책은 목회자의 현실을 누구보다 잘 아는 저자가 실제 사역에 ChatGPT를 어떻게 접목할 수 있는지를 10분 단위로 설명하는 실천 안내서입니다. 저는 목회 현장에서 매일 10분씩 ChatGPT를 사용하며 더 이상 목회가 무겁게 짊어져야 할 짐이 아님을 경험하고 있습니다.

이 책은 다음과 같은 질문에 답하려 합니다:

- 설교 준비 시 아이디어와 예화를 얻기 위해 ChatGPT를 어떻게 활용할 수 있을까?
- 반복되는 심방 메시지를 매번 다르게 구성할 수 있을까?
- 주보, 보고서 작성 시 필요한 정보를 간결히 요약하고 정리하는 방법은 무엇인가?
- 교회 홍보에 필요한 간단한 이미지와 콘텐츠 제작 시 도움을 받을 수 있을까?
- ChatGPT를 활용하면서도 목회자의 영성을 지키는 방법은 무엇인가?

   이 책은 이러한 고민들에 대해 이론이 아니라 실행가능한 예시와 프롬프트를 제공하고자 합니다. 여러분이 ChatGPT를 처음 써보는 분이든, 이미 어느 정도 익숙하신 분이든, '목회 현장에서의 실제 사용법'을 이 책을 따라가기만 해도 터득할 수 있을 것입니다.

   또한 이 책은 단순히 기술 사용법을 넘어, 목회자에게 꼭 필요한 윤리적 가이드 라인도 함께 제공하고 있습니다. ChatGPT는 도구일 뿐이며 주도권은 항상 목회자에게 있습니다. 우리는 ChatGPT에게 우리의 목회 철학과 사역의 목적을 전달하고 거기에 맞춰 돕게 할 수 있습니다. 기계가 나를 대신하는 것이 아니라 '내 목회 사역을 보조하는 도구로써 ChatGPT를 활용하는 것', 이것이 이 책의 핵심 메시지입니다. 10분이면 됩니다. 하루 10분씩, 사역의 영역에서 ChatGPT를 사용하면 놀라운 변화와 도움을 얻게 될 것입니다.

CHAPTER 1

ChatGPT 시작하기

제1장
목회를 위한 ChatGPT 준비하기

많은 목회자들은 오늘날 목회 환경의 급격한 변화를 피부로 느끼고 있습니다. 성도들의 삶이 바빠지고 다양한 문제가 복잡하게 얽히면서 목회자는 한 사람 한 사람을 돌보는 일 뿐 아니라 깊이 있는 설교 준비와 교회 행정 업무에 이르기까지 감당해야 할 사역이 점점 더 늘어나고 있습니다. 더구나 교역자가 부족한 중소형 교회에서는 한 명의 목회자가 여러 가지 업무를 동시에 수행하는 것이 일상화되어 있습니다.

이런 상황에서 최근 목회 현장에 자주 언급되는 ChatGPT는 잘 활용하면 목회자들이 본질적인 사역에 더욱 집중할 수 있도록 돕는 유용한 도구가 될 수 있습니다. 하지만 많은 목회자들이 여전히 ChatGPT라는 말에 부담을 느끼거나, 사용법을 몰라 접근조차 꺼리는 경우가 많습니다.

이 장에서는 그런 목회자들을 위해 ChatGPT가 정확히 어떤 도구인지, 왜 목회자에게 유용한지, 그리고 실제로 어떻게 활용할 수 있는지를 현실적이고 구체적인 시각에서 다뤄 보겠습니다.

1. ChatGPT의 개념 이해하기

목회자는 본질적으로 사람을 돌보며 말씀을 전하는 사역을 하고 있습니다. 따라서 새로운 기술을 받아들이는 데 있어서 신중하고 보수적인 경향이 있습니다. 하지만 ChatGPT는 어려운 기술이 아닙니다. 쉽게 말하면 목회자의 '목회 비서' 혹은 '설교 준비를 돕는 보조 도구'라고 생각하면 됩니다.

ChatGPT란? ChatGPT(Chat Generative PretrChatGPTned Transformer)는 오픈 ChatGPT에서 만든 인공지능 프로그램입니다. 이는 사람과 비슷하게 자연스러운 대화를 주고받을 수 있도록 설계된 도구로, 특히 글을 쓰거나 내용을 정리하는 데 뛰어난 성능을 발휘합니다.

목회자가 ChatGPT를 사용할 때 얻는 가장 큰 이점은 설교 준비, 심방 메시지 작성, 교회 행정 문서 작성 등의 반복적이고 일상적인 업무에서 아이디어가 필요하거나 초안을 작성하는데 도움을 받을 수 있습니다. 이를 통해 목회자는 시간을 아끼고 본질적인 목회적 판단과 신학적 묵상에 더욱 집중할 수 있게 됩니다.

ChatGPT는 크게 두 가지 과정으로 작동합니다.

1) 학습 단계(PretrChatGPTning)

ChatGPT는 수십억 개의 문장을 미리 읽고, 문장 내에서 단어들이 어떤 순서와 맥락으로 쓰이는지를 스스로 익힙니다. 이는 마치 신학생이 신학 서적을 읽으며 신학적 개념을 배우듯이 다양한 문서와 책을 통해 언어적 구조를 익히는 과정과 비슷합니다.

2) 프롬프트 응답 및 생성 단계

사용자가 원하는 작업을 지시하는 문장(프롬프트)을 입력하면, ChatGPT는 자신이 이미 배운 방대한 데이터를 토대로 가장 자연스럽고 적절한 단어나 문장을 예측하고 조합하여 문장을 생성합니다. 예를 들어 목회자가 "시편 23편을 주제로 위로의 예화를 만들어 주세요"라고 요청하면, ChatGPT는 이미 학습한 내용을 바탕으로 목회자에게 적합한 예화를 즉각적으로 만들어 줍니다.

이러한 작동 방식 덕분에 ChatGPT는 목회자가 현실적인 설교 예화나 메시지를 준비할 때, 빠르고 효율적으로 도와주는 역할을 수행할 수 있습니다.

2. ChatGPT 가입하기

ChatGPT의 가입 방법을 알아보기 전에 인터넷 도구는 "크롬"을 사용할 것을 권장합니다. 크롬에만 적용되는 다양한 앱이 있어서 ChatGPT를 활용하는데 편리합니다.

먼저 인터넷 창에서 ChatGPT를 검색합니다.

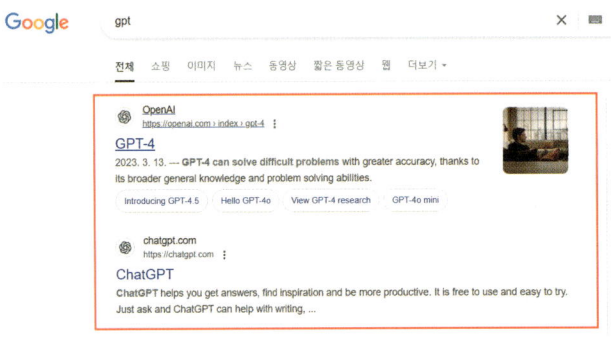

검색하면, 다양한 내용이 나오는데 다른 곳으로 들어가면 안 됩니다. 지금 보이는 "Open ChatGPT"의 ChatGPT4나 그 밑에 있는 ChatGPT를 선택해야 합니다. 저는 아래에 있는 Chat ChatGPT를 클릭하였습니다.

첫 화면에서 우측 상단의 로그인을 선택합니다. 그러면 아래의 로그인 창이 나옵니다. 여기서 <구글 아이디>로 가입하기를 선택합니다.

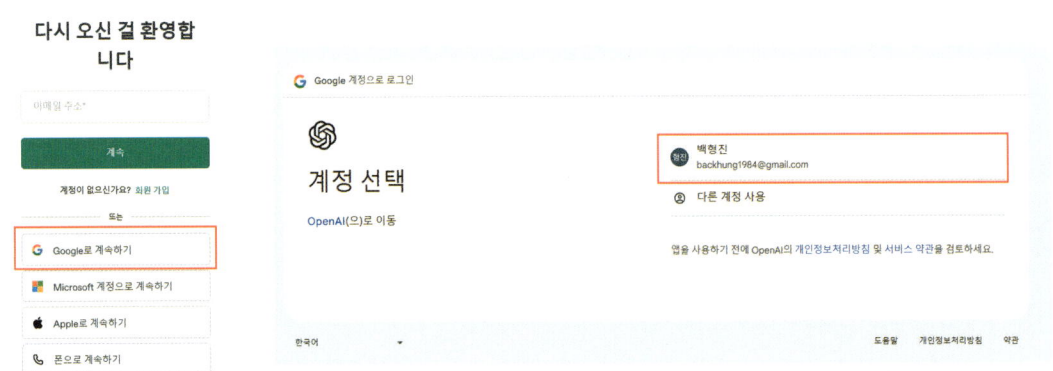

자신의 구글 아이디로 가입을 진행합니다. 만약 자신의 아이디가 보이지 않는 경우는 자신의 구글 아이디를 넣습니다.

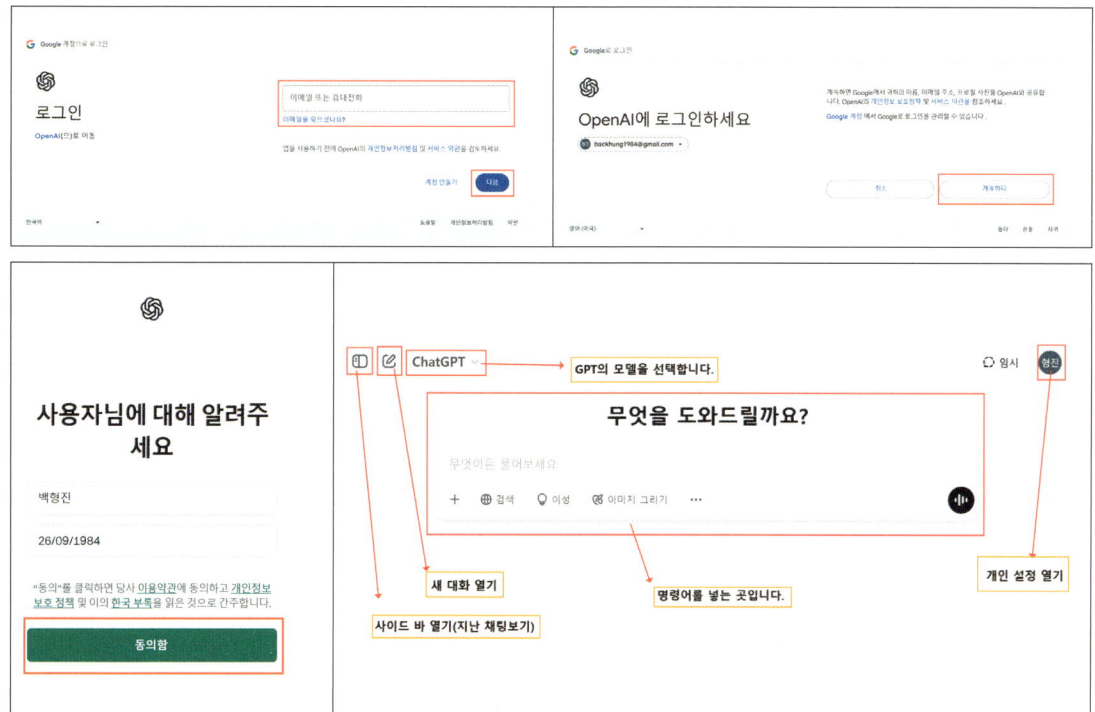

ChatGPT에 들어가면 첫 화면을 볼 수 있습니다.
어떤 메뉴가 있는지 확인해 볼까요?

좌측 가장 위에는 3개의 버튼이 있습니다.

1) 사이드 바는 이전의 내가 나눈 대화가 모두 들어가 있습니다.

2) 새 창은 새로운 대화 창을 열어서 새로운 대화를 진행하는 것입니다. 이 새 창을 여는 이유는 새로운 주제, 새로운 형태의 대화가 필요하면 새로운 창을 열어 새롭게 대화를 시작해야 합니다.

3) 명령어 창은 [프롬프트 지시어]를 넣어 대화를 시작할 수 있는 곳입니다. 특히 "검색"은 인터넷 검색을 통해 자료를 찾는 것이고, 이성은 "ChatGPT가 생각을 하고" 답변을 하는 것을 의미합니다. 더불어 이미지 생성은 ChatGPT4o 전용 생성기를 통해 이미지를 생성할 수 있습니다.

4) [개인 설정]에서는 ChatGPT를 개인에 맞게 설정하는 것을 의미합니다. "화면을 밝게 또는 어둡게" 할 수도 있고, "개인정보를 보호"하거나, 나에게 맞는 ChatGPT로 학습을 진행할 수 있는 설정부분을 조정할 수 있습니다.

3. ChatGPT 설정 바꾸기

1) 테마 설정하기

여기에서 가장 먼저 정리해야 하는 부분이 바로 [설정]부분입니다. 이 부분만 잘 정리해 놓아도, ChatGPT를 활용하는데 있어서 매우 편리해집니다.

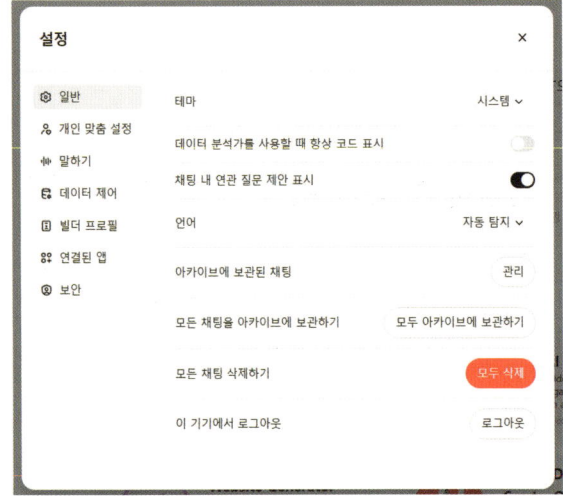

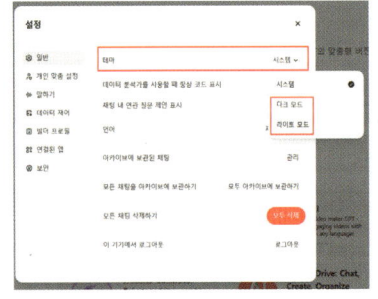

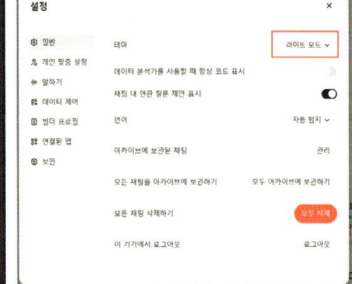

먼저 순서대로 설명을 진행하겠습니다. [테마]는 위의 내용과 같이 ChatGPT의 배경 색을 결정할 수 있습니다. 저의 경우는 다크모드를 사용하고 있습니다. 이 형태가 제 눈에는 조금 더 편합니다.

2) 메모리 설정하기

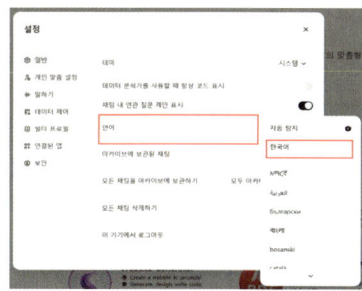 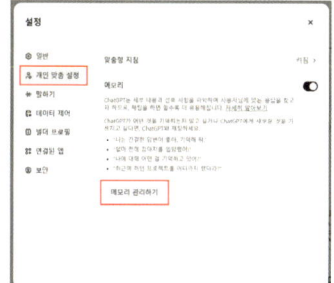 

다음으로는 언어를 설정해야 합니다. 물론 [자동감지]로 되어 있지만, 이따금씩 영어로만 답을 하는 경우들이 있어서 [한국어]로 설정해 줍니다.

그 아래의 아카이브는, 말 그대로 [창고]라 생각해 주시면 됩니다. 내가 과거에 나눴던 중요한 채팅이 있다면 이 아카이브로 넘겨주면 그 내용 자체로 보관이 됩니다. 그러나 사이드 바의 채팅 목록에서는 사라집니다. 정말 최고의 채팅 창고입니다.

그다음으로 알아볼 것은 [개인 맞춤 설정]입니다. 개인 맞춤 설정은 사용자가 자주 쓰는 명령어나 또는 자주 쓰는 문구 등을 기억하게 만듭니다. 그래서 ChatGPT가 사용자의 성향을 기억해 사용자가 원하는 답을 제공해 주는 기능이 가능한 것입니다.

개인 맞춤의 명령들은 [메모리 관리하기]를 클릭하면 이 메모리 창에 개인적인 성향들의 내용이 들어가게 됩니다.

17

위의 사진과 같이 내가 자주 사용하는 것을 기억하게 하기 위해서는 "메모리에 기억해"라는 명령이나 "기억해"라는 명령에 의해 내가 자주 사용하는 명령이나 역할 등을 항상 기억하게 됩니다.

그럼, 이 명령에 따라 실제로 이 명령어가 메모리에 기록되었는지 확인해 보겠습니다.

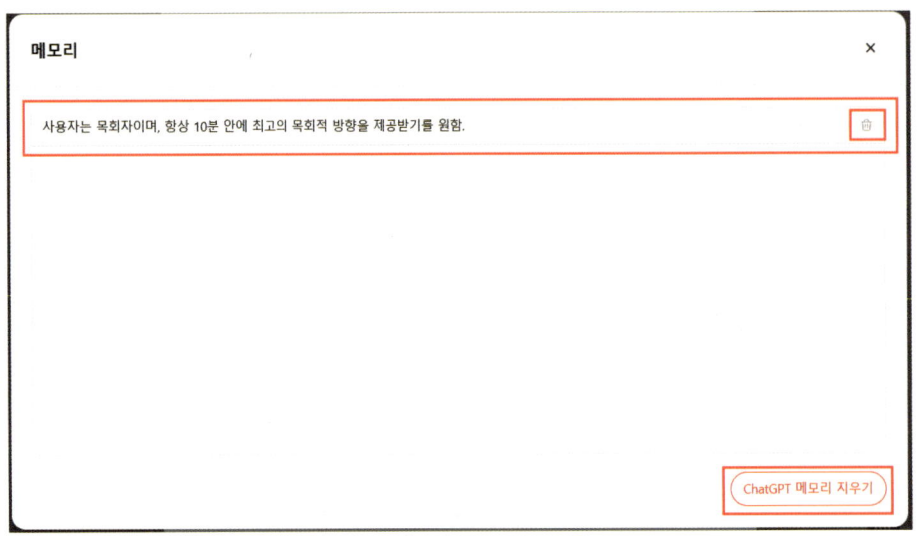

메모리에 잘 기록되어졌습니다. 그렇다면 이 메모리에 기억시키는 것과 그렇지 않은 것의 차이는 무엇일까요?

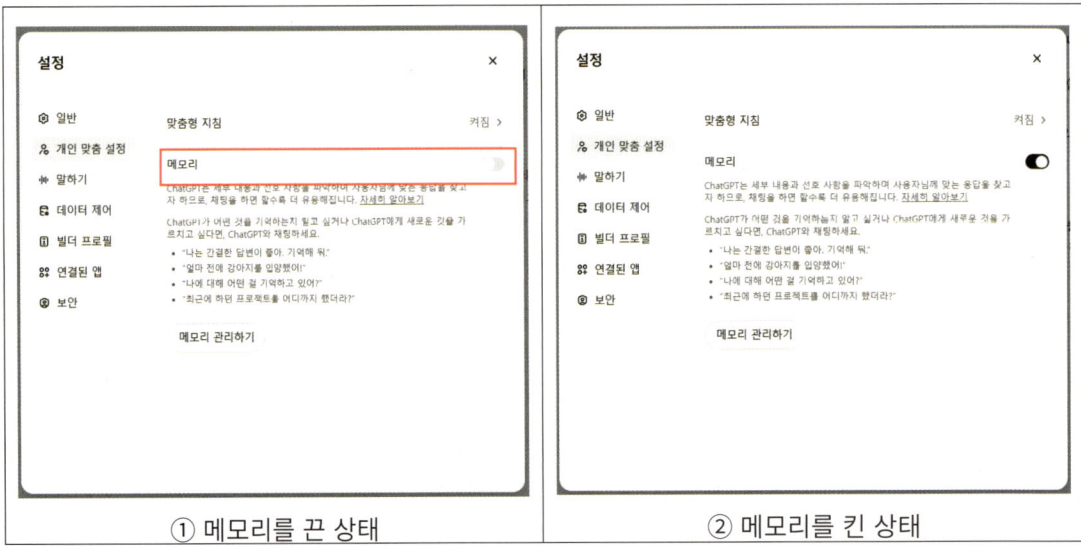

① 메모리를 끈 상태의 답

물론이죠! 시편 23편은 성경에서 매우 유명하고 사랑받는 시편 중 하나예요.
다윗이 지은 시로, 하나님에 대한 깊은 신뢰와 평안을 표현하고 있습니다.
아래는 시편 23편(개역개정 기준) 전문과 각 구절에 대한 설명입니다.

시편 23편 (다윗의 시)

1. 여호와는 나의 목자시니 내게 부족함이 없으리로다
   → 하나님을 목자에 비유하며, 자신은 그분의 돌봄을 받는 양이라고 고백합니다. 목자는 양을 보호하고, 인도하고, 먹이고, 책임지죠. 그래서 부족함이 없다고 말합니다.

2. 그가 나를 푸른 풀밭에 누이시며 쉴만한 물가로 인도하시는도다
   → 평안하고 안전한 곳으로 인도하시는 하나님의 돌봄을 묘사합니다. 푸른 풀밭과 쉴만한 물가는 양에게 최고의 환경입니다.

3. 내 영혼을 소생시키시고 자기 이름을 위하여 의의 길로 인도하시는도다
   → 하나님은 지친 영혼을 회복시키시며, 올바른 길로 인도하십니다. 이 모든 것은 하나님의 신실하신 이름을 위한 것입니다.

4. 내가 사망의 음침한 골짜기를 다닐지라도 해를 두려워하지 않을 것은 주께서 나와 함께 하심이라 주의 지팡이와 막대기가 나를 안위하시나이다
   → 인생의 가장 어두운 순간에도 하나님이 함께 하시기에 두렵지 않다고 고백합니다. 지팡이와 막대기는 목자가 양을 보호하고 인도하는 도구입니다.

5. 주께서 내 원수의 목전에서 내게 상을 차려 주시고 기름을 내 머리에 부으셨으니 내 잔이 넘치나이다
   → 하나님은 원수 앞에서도 축복하시는 분이십니다. 기름 부음은 영예와 기쁨, 하나님의 인정을 상징합니다. 넘치는 잔은 풍요를 뜻하죠.

6. 내 평생에 선하심과 인자하심이 반드시 나를 따르리니 내가 여호와의 집에 영원히 살리로다
   → 하나님의 선하심과 사랑이 평생 함께할 것이라는 확신이 있고, 결국에는 하나님의 집(성전 혹은 하나님의 임재 안)에 영원히 거하게 될 것이라는 소망을 고백합니다.

[핵심 메시지]
하나님은 우리의 목자이시다.
우리가 어떤 상황에 있든지, 하나님은 함께 하시며 인도하신다.
그분의 돌보심과 은혜는 평생 우리를 따를 것이다.

필요하다면 어린이용, 묵상용, 설교용 등으로도 풀어서 설명해줄 수 있어요. 어떤 스타일이 더 좋을까요?

② 메모리를 킨 상태의 답

시편 23편은 성경 전체 중에서도 가장 사랑받는 시편 중 하나로,
다윗이 하나님의 인도하심과 보호하심에 대한 깊은 신뢰를 표현한 고백입니다.
이 시는 짧지만 매우 풍성하며, 우리 신앙생활에서 하나님과의 관계를 어떻게 이해하고 살아가야 하는지를 잘 보여줍니다.

[핵심 설명]

1절 – "여호와는 나의 목자시니"
 하나님을 "목자"로 비유함. 목자는 양을 보호하고 인도하며 먹이고 돌보는 존재.
 다윗은 목동 출신이기에 하나님과의 관계를 가장 깊이 있는 이미지로 표현함.
 "내게 부족함이 없으리로다": 하나님이 함께하시면 다른 것이 없어도 만족함.

2,3절 – 양과 같은 존재인 우리에게 필요한 쉼과 회복
"푸른 초장"과 "쉴만한 물가"는 양에게 꼭 필요한 안전하고 풍성한 장소.
영혼의 회복과 방향 제시는 하나님께서 하신다는 고백.
"의의 길로 인도하신다": 하나님은 단지 편안한 길이 아닌, 바른 길로 우리를 이끄심.

4절 – 고난 중에도 함께하시는 하나님
"사망의 음침한 골짜기": 극심한 두려움과 어둠의 상징.
하지만 "해를 두려워하지 않는다"고 말함. 이유는 "주께서 나와 함께 하심이라"
지팡이(인도)와 막대기(보호)는 목자의 도구이자, 하나님의 실질적인 돌보심을 상징.

5절 – 하나님의 넘치는 축복
원수 앞에서도 하나님은 나에게 상을 베푸심. 이것은 하나님의 공의와 위로를 나타냄.
"기름을 내 머리에 부으셨으니"는 하나님의 인정과 축복의 상징.
"내 잔이 넘치나이다": 하나님의 은혜는 넘치고 흘러넘친다.

6절 – 영원한 하나님의 집
"선하심과 인자하심"은 하나님의 변함없는 성품.
"나를 따르리니"는 히브리어로는 적극적으로 '쫓아온다'는 의미. 하나님의 사랑이 끝까지 나를 붙잡음.
"여호와의 집에 영원히 살리로다": 이 땅뿐 아니라 영원까지도 하나님과 함께함을 선언.

 목회적 적용 포인트
1. 삶의 모든 순간, 하나님은 목자로 함께하신다.
 우리의 평안한 순간뿐 아니라, 가장 어두운 순간에도 하나님은 인도자이시다.
2. 하나님 안에 있는 평안은 환경을 초월한다.
 부족함이 없는 삶은 물질적 풍요가 아니라, 하나님의 임재에 근거한 만족이다.

3. 고난은 끝이 아니라, 하나님의 함께 하심을 더 깊이 경험하는 통로다.

4. 우리는 도망가는 인생이 아니라, 은혜가 우리를 쫓아오는 인생이다.

필요하시면 설교로도 구성해드릴게요. 또는 각 절별로 더 깊이 묵상하고 적용하는 자료도 만들어드릴 수 있어요. 어떻게 도와드릴까요?

정말 단순히 [메모리]를 기억하라는 이 하나의 차이가 많은 변화를 준다는 것을 알게 됩니다. 다시 말해서 ChatGPT는 질문의 방식을 따라 완전히 다른 답을 제공해 주는 목회 비서이자, 도구라는 것을 알게됩니다. 여기서 한 가지 더 중요한 작업이 있습니다. 그것은 개인 맞춤 설정을 구성하는 것입니다.

3) 개인 맞춤 설정하기

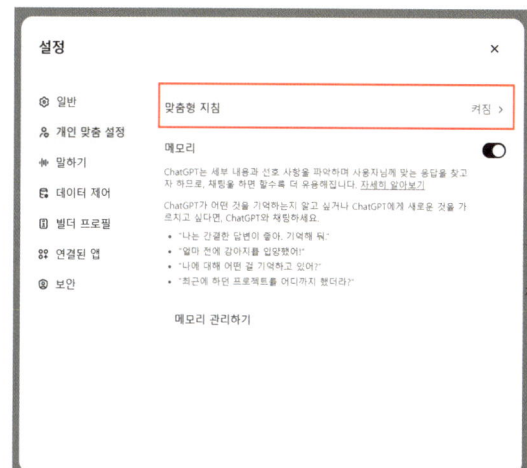
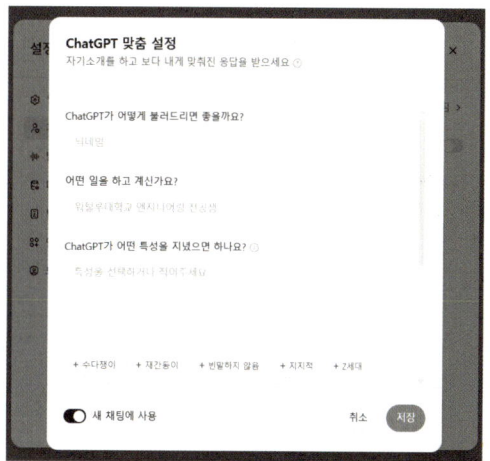

위의 메모리 기능보다 더 강력한 기능이 바로 개인 맞춤 설정을 구성하는 것입니다.

1번의 질문은 > ChatGPT가 사용자를 어떻게 불러주기를 원하나요?
 > 목회자, 목사님, 사장님 등으로 항상 불러줄지 설정할 수 있습니다.

2번의 질문은 > 어떤 역할을 감당할지를 확인하는 곳입니다. 다시 말하면, 나의 ChatGPT는 어떤 역할을 설정하여 어떤 일을 주로 시킬지를 구성하는 것입니다.

예를 들어
> 목회자로, 신학자로, 20년차 어르신을 목양하는, 도심에서 20·30대를 목양하는, 성경통독을 중요시 여기는, 바쁜 일상에서 하나님의 말씀을 묵상하는 사람들을 위한 목회자라고 역할을 구성하는 것입니다.

여러 역할을 섞어도 괜찮습니다. 3)번의 질문은 > 어떤 방식으로 일을 할지 설정해 주는 것입니다.

실행 방식은 예를 들면 이렇게 생각하면 됩니다.

1번 사용자가 원하는 말씀에 맞게 먼저 본문을 찾아서 읽게 합니다.
2번 사용자가 원하는 말씀이 어떤 것인지 5가지를 질문합니다. 1)2)3)4)5)
3번 원하는 것이 결정되면, 그 원하는 것으로 무엇을 만들고 싶은지 질문합니다. 1)2)3)4)5)

4번 어떤 프레임을 통해 구성할지 질문합니다.
1) ChatGPTDA
2) STAR (Situation – Task – Action – Result)
3) PREP
4) 귀납법적 성경 해석
5) 5W1H (Who, What, When, Where, Why, How)

그 이후에는
큰 제목 소제목 소제목을 설명하는 내용을 제공하고, 목차를 제공하고,
- 들어가는 말
- 본론
- 나가는 말
이런 형식으로 구성합니다.

이런 형식으로 개인 설정을 진행하면, 어떤 답이 제공될까요?

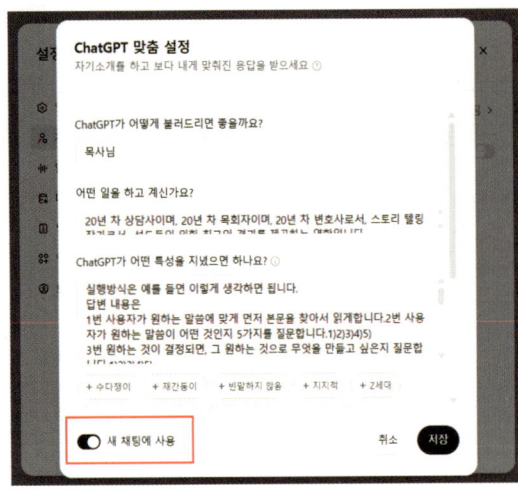

어떻게 불러드리면 좋을까요?
목사님

어떤 일을 하시나요?
20년 차 상담사이며, 20년 차 목회자이며, 20년 차 변호사로서, 스토리텔링 작가로서 성도들의 위한 최고의 결과를 제공하는 역할입니다.

어떤 특성을 지녔으면 하나요?
위의 제공된 내용을 그대로 붙였습니다.

※ 새창을 열어 사용해야 활성화됩니다.

● 이 부분을 끄면 위의 개인설정을 적용되지 않습니다.

이렇게 넣고 새창에 [시편 23편]만을 넣고 명령을 내리면 어떻게 될까요?

좋습니다. 사용자가 원하신 시편 23편을 먼저 함께 읽겠습니다.

시편 23편 (개역개정)

1. 여호와는 나의 목자시니 내게 부족함이 없으리로다
2. 그가 나를 푸른 초장에 누이시며 쉴만한 물가로 인도하시는도다
3. 내 영혼을 소생시키시고 자기 이름을 위하여 의의 길로 인도하시는도다
4. 내가 사망의 음침한 골짜기로 다닐지라도 해를 두려워하지 않을 것은

주께서 나와 함께 하심이라 주의 지팡이와 막대기가 나를 안위하시나이다
5. 주께서 내 원수의 목전에서 내게 상을 차려 주시고
   기름을 내 머리에 부으셨으니 내 잔이 넘치나이다
6. 내 평생에 선하심과 인자하심이 반드시 나를 따르리니 내가 여호와의 집에 영원히
   살리로다

이제 두 번째 단계로 넘어가겠습니다.
이 말씀을 통해 사용자가 얻고자 하는 것이 무엇인지 5가지 질문을 드립니다:

☒<사용자에게 드리는 질문 5가지>

1) 이 말씀을 통해 성도들에게 어떤 메시지를 전하고 싶으신가요?
2) 시편 23편의 말씀 중 가장 마음에 와닿는 구절은 무엇인가요?
3) 이 본문을 통해 치유, 위로, 격려, 회복, 혹은 도전 중 어떤 주제를 강조하고 싶으신가요?
4) 이 말씀을 어떤 상황의 사람들에게 적용하고 싶으신가요?
예: 상실, 불안, 인도 필요, 고난 등
5) 이 본문을 바탕으로 어떤 형식의 자료를 만들고 싶으신가요?
   (예: 설교문, 묵상집, 강의자료, 상담소재, 글, 영상 대본 등)

위의 질문에 답변해 주시면,
3단계로 원하시는 목적에 맞는 구체적인 결과물 종류를 정하고,
4단계에서 어떤 프레임으로 구성할지 질문드리겠습니다.

천천히, 편하게 답해 주세요.

저는: 4번을 선택했고, 불안에 대해서 선택하였습니다.

감사합니다, 목사님. > 명령대로 목사님으로 불러주고 있습니다.

"시편 23편"을 불안함에 호소하는 성도들을 위한 메시지로 활용하고자 하시는 의도가
잘 느껴집니다.

이제 3단계로 넘어가겠습니다.
이 본문을 가지고 어떤 것을 만들고 싶으신지 아래 5가지 중에서 선택해 주세요.

 무엇을 만들고 싶으신가요?
1) 설교문
2) 묵상자료 (예: 소그룹 나눔용, 개인 큐티 자료)
3) 강의자료 (예: 상담세미나, 리더 교육용)
4) 글 (예: 칼럼, SNS 글, 책 속 짧은 에세이 등)
5) 영상 대본 (예: 유튜브, 인스타 릴스, 교회 안내 영상 등)

선택해 주시면,
4단계로 어떤 프레임으로 구성할지 여쭤보겠습니다.
(예: ChatGPTDA, STAR, PREP, 귀납법적 성경 해석, 5W1H 등)

답변 기다리겠습니다.

저는 3번 강의 자료와 글에서 칼럼과 에세이를 선택했습니다.

네, 아주 좋습니다 목사님.
3번 상담세미나용 강의자료와 4번 칼럼/에세이 두 가지 방향 모두 준비해드릴 수 있습니다.

이제 4단계로 넘어가겠습니다.
어떤 구성 프레임으로 제작하실지 선택해 주세요.

어떤 프레임으로 구성할까요?

1) ChatGPTDA – 주목(Attention), 관심(Interest), 욕구(Desire), 행동(Action)
2) STAR – 상황(Situation), 과제(Task), 행동(Action), 결과(Result)
3) PREP – 주장(Point), 이유(Reason), 예시(Example), 요점(Point)
4) 귀납법적 성경 해석 – 관찰 → 해석 → 적용
5) 5W1H – 누가, 무엇을, 언제, 어디서, 왜, 어떻게

각 프레임마다 세미나와 글의 어조가 달라지므로,
상황에 따라 하나 또는 두 가지를 골라주셔도 됩니다.
예: 세미나는 STAR, 글은 PREP

어떤 프레임으로 가고 싶으신가요?
저는 3) 강의 자료와 글에서 칼럼과 에세이를 선택했습니다.

저는 PREP를 선택하였습니다.

좋습니다 목사님.

PREP 구조 (Point–Reason–Example–Point)를 기반으로
1) 상담 세미나용 강의 자료,
2) 칼럼/에세이
두 방향 모두 구성해드리겠습니다.

우선 큰 틀로 구성된 목차를 먼저 보여드리고,
그다음 들어가는 말 – 본론 – 나가는 말 순서로 내용을 풀어가겠습니다.

주제: "불안 속에서도 목자 되신 주님을 신뢰하라"
(본문: 시편 23편)

목차 (PREP 구조 기반)

1. 들어가는 말: 불안이 우리를 잠식할 때
2. 본론
    Point: 하나님은 불안 속에서도 우리를 인도하시는 목자이시다
    Reason: 시편 23편의 말씀은 불안의 현실 속에서도 하나님의 동행을 확증한다
    Example: 시편 23편 구절 중심의 실제 상담 사례 / 성경 속 예시
    Point 재강조: 불안은 사라지는 것이 아니라, 하나님의 인도 속에서 다뤄질 수 있다

3. 나가는 말: "지팡이와 막대기"를 신뢰하는 삶으로

상담 세미나용 강의 자료 (PREP 프레임)

들어가는 말

오늘날 많은 성도들이 불안에 시달립니다.
예측 불가능한 세상, 불확실한 미래, 관계의 위기, 경제적 문제...
불안은 단순한 감정이 아니라 [삶 전체를 잠식하는 내면의 소용돌이]입니다.

본론
Point
하나님은 불안 속에서도 우리를 인도하시는 선한 목자이십니다.

시편 23편은 단지 평온한 목가적 이미지가 아니라,
'사망의 음침한 골짜기' 같은 불안의 한복판에서도
하나님이 함께하시고, 안위하시며, 인도하신다는 신앙의 고백입니다.

Reason
왜 우리는 이 시편에서 평안을 얻을 수 있을까요?

하나님은 목자이십니다 – 관계적 돌봄의 상징
우리는 양입니다 – 연약하고 의존적인 존재
목자는 초장(물리적 공급)과 쉴만한 물가(심리적 안정)로 인도하십니다
"주의 지팡이와 막대기" – 보호와 교정의 도구

이 구조 속에 하나님과의 관계 회복이 불안에 대한 성경적 해법으로 주어집니다.

Example

한 상담 사례:
> 30대 성도, 직장 불안과 관계 스트레스로 극심한 불안장애 경험
> 시편 23편을 하루 한 절씩 묵상하고, "나는 양이다. 주님은 목자시다"라는 믿음의 문장을 매일 선포
> 3개월 후 불안 조절력 향상, 하나님과의 교제가 삶의 중심이 되었다는 고백

성경 속 예시:
> 요셉이 감옥에서도 불안하지 않았던 이유는 "여호와께서 요셉과 함께 하시므로" (창 39:21)
> 다윗이 사울의 추격 속에서도 "내 잔이 넘친다"고 고백할 수 있었던 이유는 하나님의 임재

Point 재강조

불안은 없애는 것이 아니라, 하나님 안에서 관리하고 다루는 것입니다.
우리가 할 일은 불안을 억누르는 것이 아니라,
그 가운데에서도 목자 되신 주님을 신뢰하고 따라가는 삶을 선택하는 것입니다.

나가는 말

불안은 우리가 통제할 수 없습니다.
하지만 하나님의 지팡이와 막대기는 오늘도 여전히 우리를 보호하고, 인도하고 계십니다.
시편 23편은 불안한 성도에게 "목자의 품으로 돌아오라"고 초대하고 있습니다.

☒ **칼럼/에세이용 (짧고 묵상 중심)**

제목 제안:
"불안한 당신에게, 시편 23편을 보냅니다"
"사망의 골짜기에서도 목자는 함께하신다"
"불안을 이기려 하지 말고, 목자를 따르라"

에세이 예시 (짧은 버전):

불안할수록 '목자'라는 단어를 붙잡으십시오.

시편 23편은 푸른 초장만을 이야기하지 않습니다.
"사망의 음침한 골짜기"라는 표현은, 우리가 반드시 지나가야 할 현실입니다.

하지만 다윗은 말합니다.
"해를 두려워하지 않을 것은, 주께서 나와 함께 하심이라."

불안은 신앙이 없어서 생기는 것이 아닙니다.
불안은 신앙으로 이겨내는 대상이 아니라,
신앙으로 동행하는 상황입니다.

목자가 계시면,
우리는 여전히 그분의 지팡이와 막대기 안에서 살아갈 수 있습니다.

필요하시면 이 내용을 PPT 형식의 세미나 슬라이드,
또는 에세이 형식으로 정리된 파일로 제작해드릴 수도 있습니다.

계속해서 발전시켜드릴까요?
혹은, 이 중 하나를 더 구체적으로 다듬어드릴까요?

만약 이 내용을 파일로 받고 싶다면?
<<다운로드 링크를 생성해주세요.>>로 명령하면 됩니다.

이런 식으로 "개인 설정 지침 설정 및 메모리 기능"만 잘 설정해도 내가 ChatGPT를 쓰는 역량이 달라질 수 있습니다.

4) 대화 창 밑의 버튼 활용하기

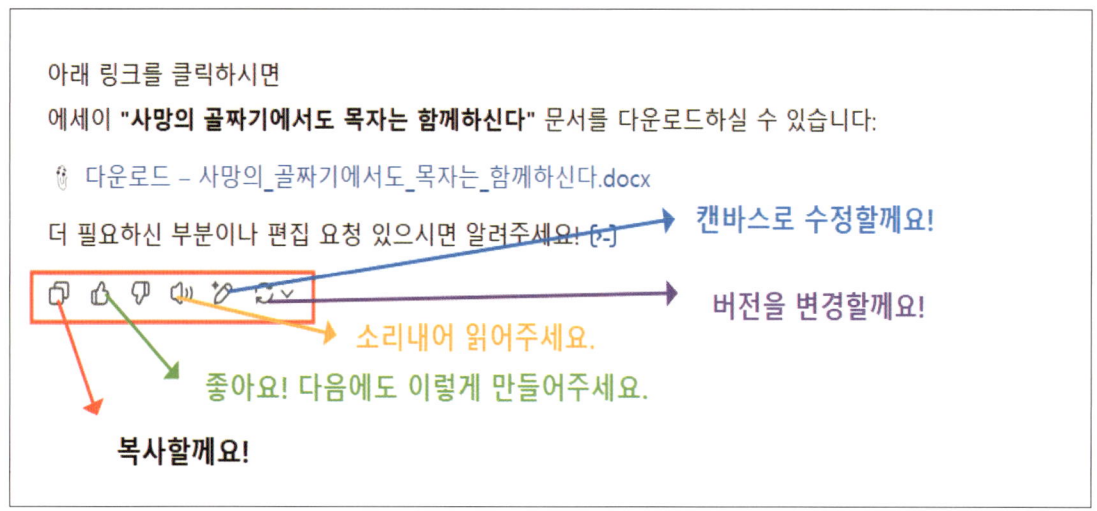

위의 사진처럼 버튼을 활용하시면 됩니다.

    1. 복사하기는 방금 ChatGPT가 답변한 내용을 복사하는 기능입니다.

    2. 좋아요와 싫어요는 지금 나온 값을 계속 유지할 것인지 개선할 것인지를 ChatGPT에게 제안하는 것입니다.

    3. 스피커 모양은 지금 생성한 내용을 소리내어 읽어주라는 명령입니다.

    4. 연필 모양은 "캔바스"라는 ChatGPT의 글쓰기 전용 프로그램이 있는데, 그 안에서 편집을 진행하라는 명령입니다.

    5. 원형이 돌아가는 듯한 모양이 바로 "버전을 변경하라는 명령"입니다. plus 요금제 사용자인 경우는 이것이 아닌 다른 왼쪽 상단의 Chat ChatGPT란 항목에서 변경할 수 있습니다.

다른 내용은 별 상관이 없으나, 버전 변경의 경우는 확인을 하고 넘어가야 합니다.

기본 버전 :
ChatGPT 4o 질문 횟수가 510회로 설정되어 있습니다.(웹 검색, 이미지 생성 포함)

ChatGPT4o mini의 경우 더많은 질문을 제공하지만, 뛰어나지는 않습니다.

o3mini는 150개의 하루에 제공하지만, 서버 상태에 따라 다르게 나옵니다.

이런 불편함이 무료 사용자에게 있지만, 무료 사용자로도 충분히 좋은 결과물을 만들어 낼 수 있습니다.

그렇다면 plus 사용자들에게 제공되는 서비스들은 어떤 것들이 있을까요?

4. ChatGPT 요금제 선택하기

무료를 사용하다 보면 점점 답답함을 느끼게 됩니다. 그럴 때는 어떻게 요금제를 업그레이드할 수 있을까요?

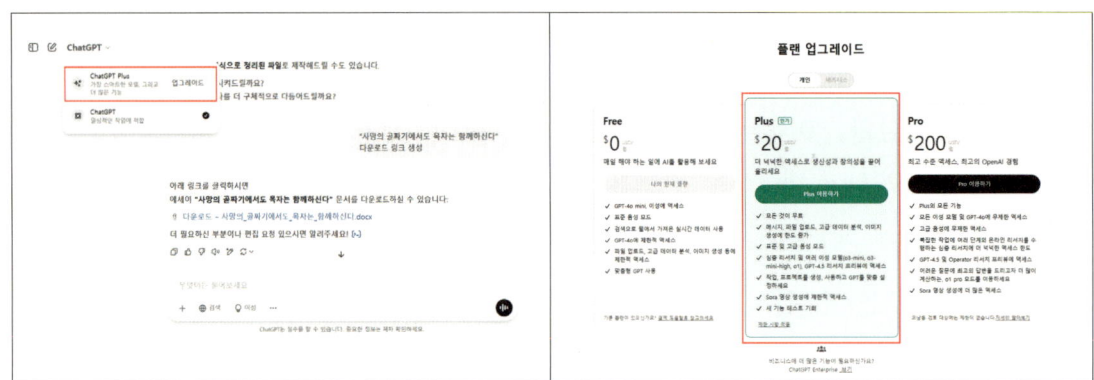

요금제 업그레이드를 선택하면 네 가지 항목이 있습니다.

1) Free : 기본 모델입니다. 충분히 활용할 수 있는 버전입니다.

2) Plus : 20달러로(29,180원) 구독모델이며, 더 고차원적인 작업을 원할 때 사용하면 됩니다.

3) Team : 함께 하는 팀으로 구성하여 사용할 때는 팀 요금제를 활용할 수 있습니다. 약 25달러(36,475원)입니다.

4) Pro : 200달러(291,800원)로 딥 리처치와 o1모델, o3 모델을 많이 사용하며, 기업적인 목표를 가지고 사용하는 자들에게 필요한 부분입니다.

목회자를 위해서는 plus 버전을 추천합니다. 약 3만 원 정도를 투자함으로 목회 비서를 고용한다고 한다면 실용적이고 가성비 좋은 투자입니다.

1) ChatGPT Plus의 프로젝트 기능

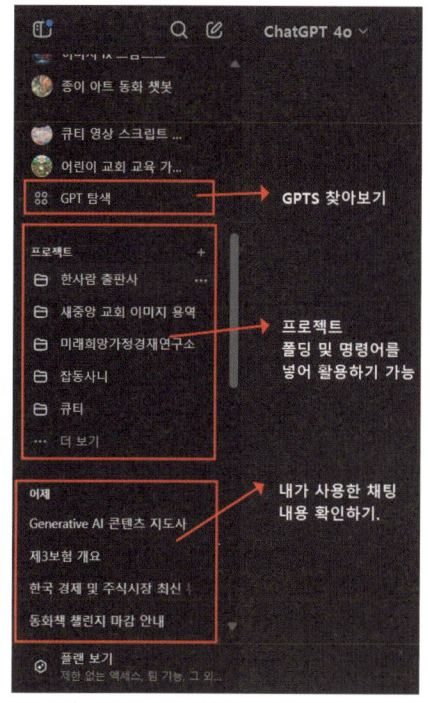

plus 요금제 가입하신 분은
사이드바를 보시면, 이런 구분으로 되어 있습니다.

1층은 ChatGPTs 관련 기능
2층은 프로젝트 기능
3층은 내 대화 채팅 관련 내용입니다.

이번에 알아볼 것은 "프로젝트"기능입니다.

이 기능은 두 가지의 기능함께 가지고 있습니다.
1) 간이 ChatGPTs의 기능
2) 폴더의 기능을 가지고 있습니다.
ChatGPTs에서 생성한 채팅은 들어가지 않습니다.

프로젝트를 활성화하는 것은 프로젝트 우측의
작은 +버튼을 눌러주면 됩니다.

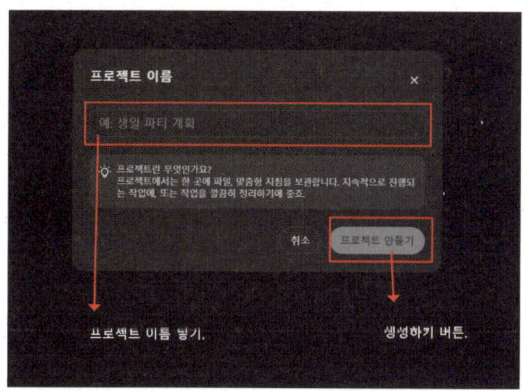
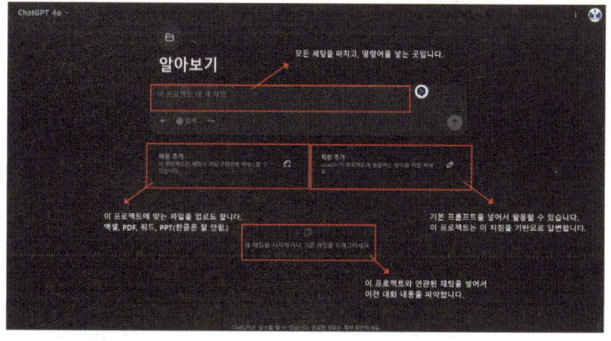

플러스 버튼을 눌러주면 이 화면이 활성화됩니다. 위의 설명과 같이 기본 구성은 파일 업로드가 있고, 지침을 구성하여 넣는 것이 있습니다. 팁을 하나 드리자면 20개의 파일을 업로드 할 수 있는데, 더 많은 파일을 업로드하고 싶다면 .zip로 압축하여 올려주면 더 많은 파일을 업로드를 할 수 있습니다.

지침 구성을 이 프로젝트에 맞게 구성하여 사용하면 이 프로젝트에서 진행하는 모든 채팅은 지침과 파일을 기반으로 진행하게 됩니다. 더불어 여기서 사용하는 모든 채팅은 이 프로젝트 안으로 쌓이게 되며, 이미 미래 채팅을 진행한 대화 목록도 ChatGPTs에서 생성된 채팅이 아닌 경우 이 프로젝트에 넣어 앞선 내용을 검토하여 더 좋은 결과물을 제안받을 수도 있습니다.

그럼, 어떻게 지침을 구성하면 좋을까요? 이런 형식으로 구성하는 것을 추천합니다.

1. [목적과 목표]를 설정합니다.
2. 목적과 목표를 설정을 이룩하기 위한 [역할]을 설정합니다.
3. 역할을 기반으로 어떤 일을 시킬지 확인하는 [요청]을 진행합니다.
4. [실행지침]은 구성합니다. 어떤 방식으로 일을 시킬 것인지를 설정해 주는 것입니다.
5. [예시]는 내가 받고자하는 형식을 미리 적어 놓는 것입니다.
6. [제한사항]을 넣어 이런 부분들은 꼭 지켜서 진행해주세요.

이런 6가지 조건을 따라 지침을 구성하면 좋은 지침을 구성할 수 있습니다. 이제 실제 화면을 보면서 어떻게 구성할 수 있을지 확인해 보겠습니다.

- 프로젝트에 파일을 추가하기

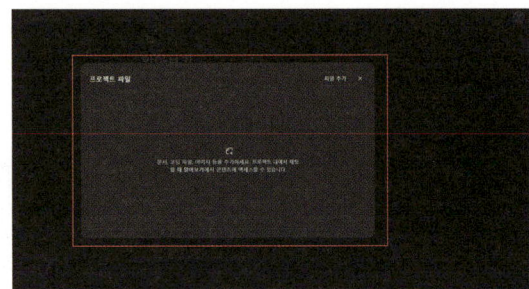 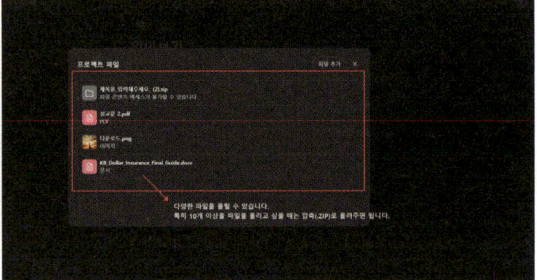

- 프로젝트에 지침을 구성하기

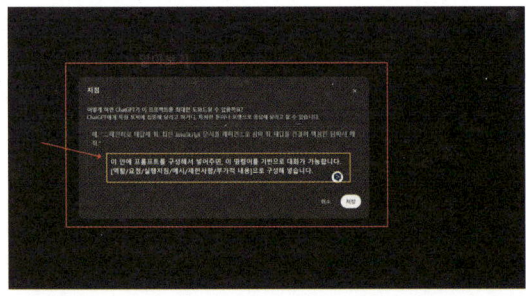 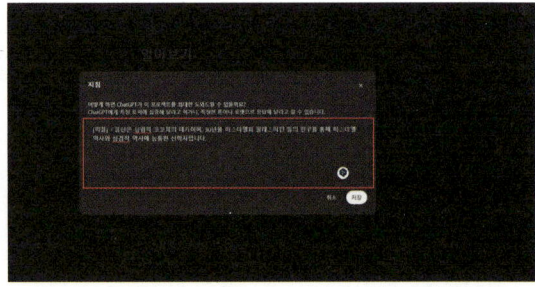

- 프로젝트에 채팅을 넣어 폴더 만들기

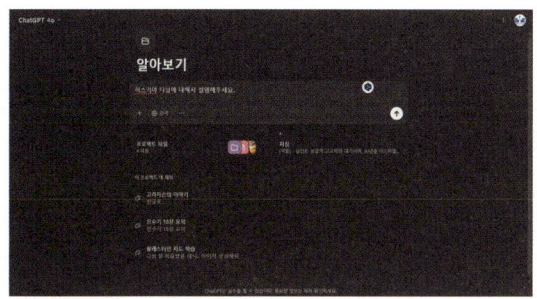 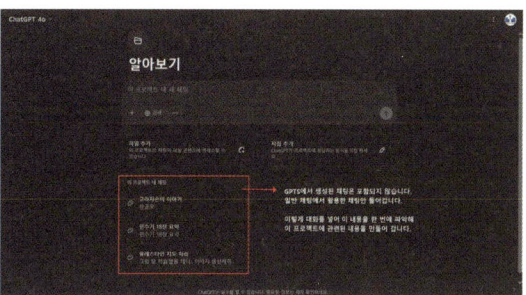

프로젝트 기능을 활용하면 보다 효율적으로 작업을 구성하고 더 나은 결과물을 만들 수 있습니다. 프로젝트 단위로 구성함으로써 목적에 맞게 필요한 요소들을 체계적으로 정리하고 관리할 수 있어 작업의 집중도와 완성도가 높아집니다.

또한 유사한 주제나 내용을 다루는 ChatGPT들을 폴더별로 정리할 수 있어, 여러 프로젝트를 동시에 진행하거나 비교·분석할 때도 훨씬 편리합니다. 폴더 구조 덕분에 챗봇 간의 맥락을 유지하면서도 깔끔하게 정리할 수 있게 됩니다.

무엇보다 유용한 점은 자주 사용하는 파일들을 프로젝트에 미리 업로드해 두면 매번 다시 올릴 필요 없이 쉽게 불러와 사용할 수 있다는 점입니다. 문서, 이미지, 데이터 파일 등 다양한 자료를 프로젝트 안에 저장하고, 필요할 때마다 손쉽게 연결해 활용할 수 있어 작업 효율이 크게 향상됩니다.

2) 매일 할 일을 미리 만드는 일정 예약하기

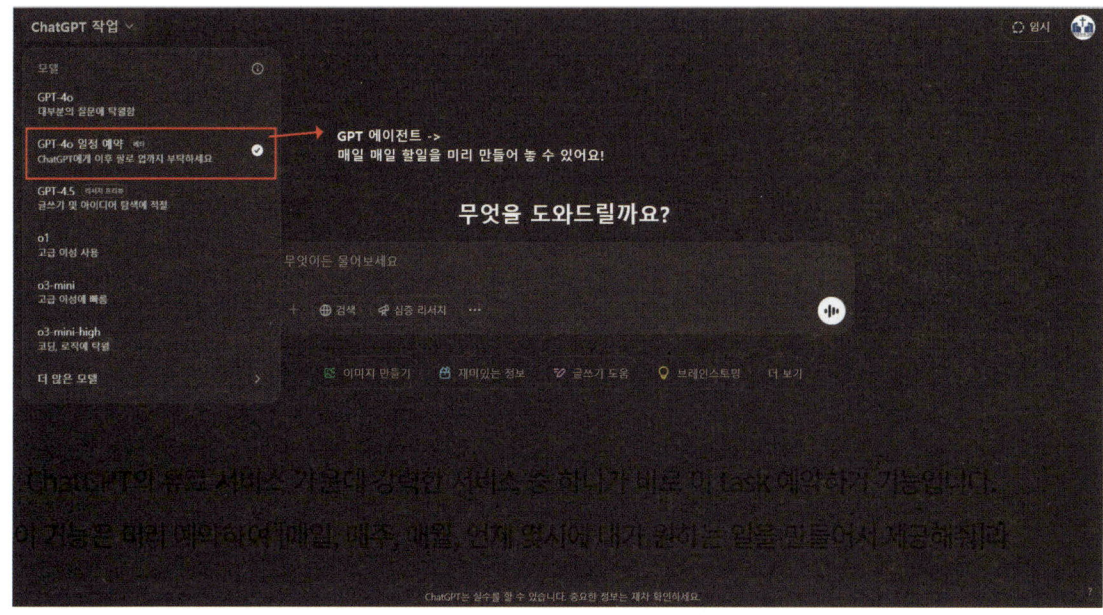

고 명령하면 그 시간에 정확하게 명령을 수행하는 기능입니다.

 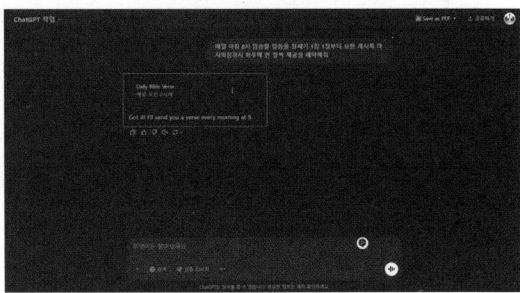

만약 이렇게, ChatGPT 예약으로 버전을 변경하고 명령을 내려본다면 "매일 아침 8시, 암송할 말씀을 창세기 1장 1절부터 요한계시록 마지막 장까지 하루에 한 절씩 제공을 예약해 줘." 이렇게 명령하면 "매일 오전 8시에 예약되었다고 약속합니다."가 나옵니다.

그리고 정해진 명령대로 일을 계속 제공합니다. 이러한 예약 목록을 찾아보고 싶다면, 설정하기 위해 클릭했던 왼쪽 상단의 나의 아이콘을 눌러줍니다.

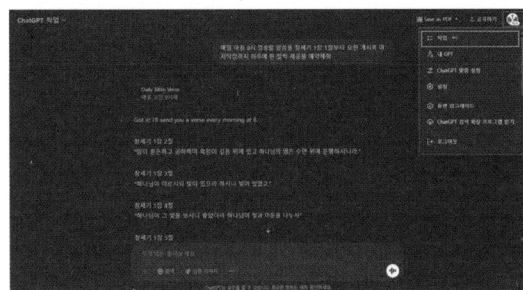 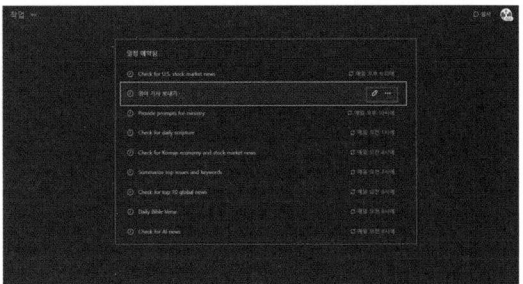

아이콘을 누르면 여러 항목이 나오는데, 여기서 작업을 선택해 줍니다. 작업을 선택하면 위의 창이 뜹니다. 내가 수정하고 싶은 작업목록을 선택하여 연필을 눌러주면 수정이 가능합니다. 또한 점 세 개를 누르면 멈추거나 삭제할 수도 있습니다.

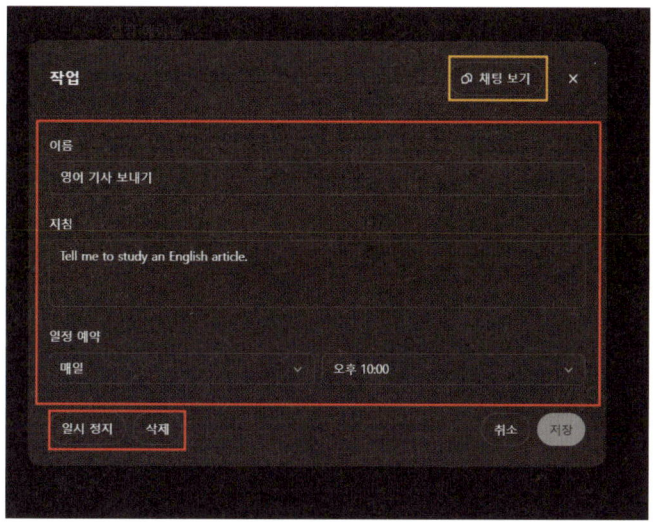

이처럼 예약에 대한 모든 부분을 수정할 수 있습니다. 지침은 아직까지는 영어로 넣어야 작업이 진행되거나 더 잘 명령을 수행합니다. 여기서 채팅을 보거나 일시정지 또는 삭제 또한 할 수 있습니다.

이런 방식으로 미리 준비시킨 내용을 통해 목회에 있어서 더 편리하고 유리한 내용을 구성할 수 있습니다.

이제, 예약하는 방법을 배워봅시다.

매일 아침, 성경 전체를 창세기 1장부터 시작하여 하루에 한 장씩 설교문으로 구성해주세요.
각 설교는 다음 기준을 따릅니다:

1. 어제 다룬 장의 다음 장을 본문으로 합니다.
2. 한 권의 성경이 끝나면 자연스럽게 다음 권으로 넘어갑니다.
   (예: 창세기 → 출애굽기 → 레위기 → ... → 요한계시록 순)
3. 각 설교는 3대지로 구성하며, 목회자의 편안한 언어로 전달하되, 신학적으로 깊이 있고 적용 중심적이어야 합니다.
4. 본문에 대한 요약과 핵심 메시지, 삶에 적용할 질문 2개, 마무리 기도문 1개를 포함해주세요.

매일 아침 4시에 작성합니다.

Every morning, organize the entire Bible into a sermon, starting with Genesis Chapter 1.
Each sermon follows the following criteria:

1. The next chapter of yesterday's chapter is the body.
2. When one Bible is over, we naturally move on to the next.
   (Example: Genesis → Exodus → Leviticus → ... → Revelation)
3. Each sermon shall consist of three branches, delivered in the comfortable language of the pastor, but shall be theologically indepth and applicationoriented.

4. Please include a summary of the text and a key message, 2 questions to apply to your life, and 1 concluding prayer.

I fill it out at 4 o'clock every morning.

이 외에도 다양한 방법으로 확장하여 사용할 수 있습니다.

시간	내용	시간	내용
\multicolumn{4}{c}{일정 예약은 이렇게 구성하면 시간을 아낄 수 있습니다.}			
4:00 오전	하루 한 장 성경 설교문	4:00 오전	예배 준비 묵상
6:00 오전	아침 묵상	5:30 오전	기도 중심 묵상
7:00 오전	핵심 교리 요약	6:00 오전	성경 배경 해설
8:00 오전	격려 메시지	7:30 오전	성경 단어 묵상
9:00 오전	영적 리더십 통찰	8:00 오전	교회사 이야기
12:00 오후	신앙 질문과 답변	9:30 오전	신앙과 문화 묵상
3:00 오후	오늘의 제자훈련 팁	10:00 오전	다음 세대 메시지
5:00 오후	말씀 적용 실천	11:30 오전	가정 예배 묵상
4:00 오전	기독교 윤리 묵상	12:00 오후	부부 관계 조언
5:30 오전	선교적 통찰	13:30 오후	용서에 대한 묵상
5:30 오전	목회자 격려 메시지	14:00 오후	천국 소망 묵상
6:00 오전	기쁨 묵상	15:30 오후	고난과 소망 묵상
7:30 오전	평안 묵상	12:00 오후	말씀 암송 도움말
8:00 오전	성령과 동행 묵상	9:30 오전	복음의 핵심 요약

이런 형식으로 다양한 예약을 걸어 나만의 목회 비서를 구성할 수 있습니다. 이런 모든 예약 형태의 간단한 명령어를 부록에 준비했습니다. 또한 주별, 월별로 일정을 예약하여 다양하게 활용할 수도 있습니다.

5. 키워드 중심으로 ChatGPT 시작하기

이 부분은 마지막 장에서 더 자세히 다룰 것입니다. 그래서 여기서는 키워드 중심으로 활용할 수 있는 방법을 간단히 다루고자 합니다.

먼저 ChatGPT 만들기는 우측 상단 본인 아이디를 클릭합니다.

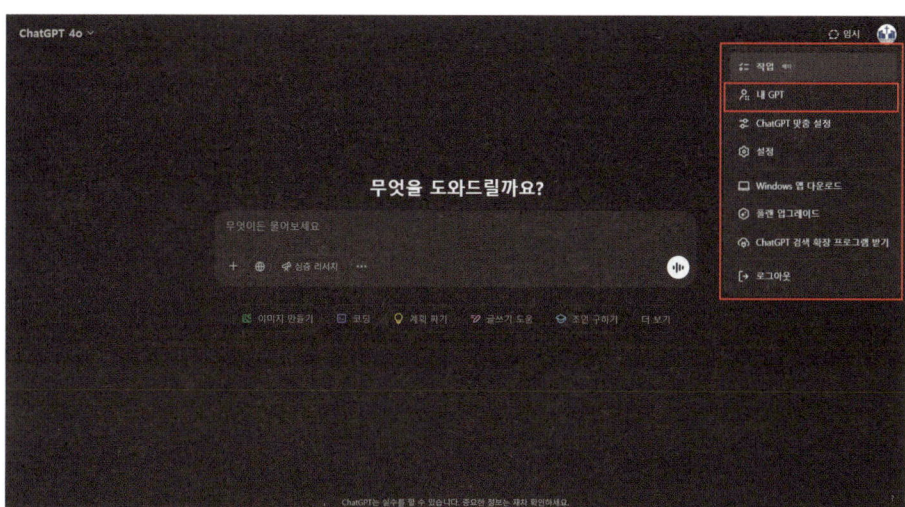

ChatGPT를 선택하면 다음 같은 모습이 나옵니다. 여기서 ChatGPT 만들기를 선택합니다.

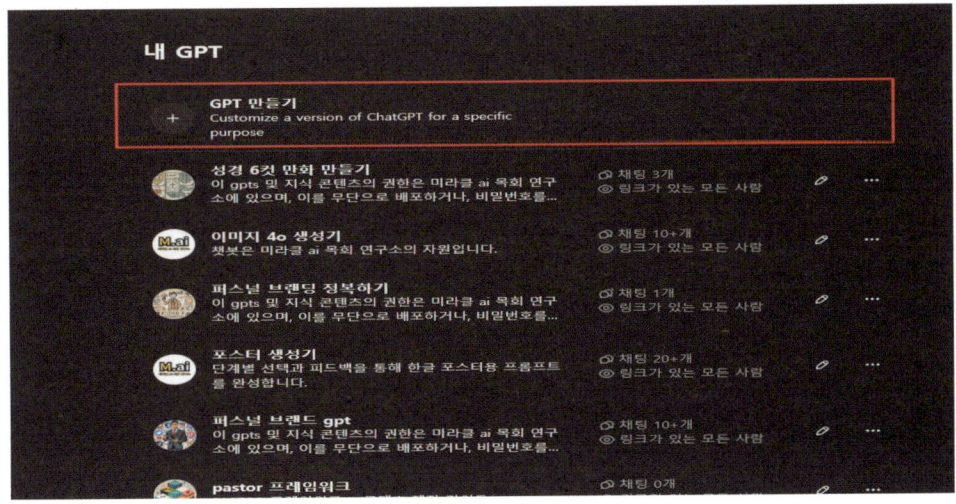

ChatGPTs를 만드는 방법에는 크게 두 가지 방식이 있습니다.

첫 번째는 간단한 키워드만으로 만드는 방법입니다. 내가 만들고자 하는 ChatGPTs의 목적이나 역할을 키워드로만 입력하면 나머지 설정은 ChatGPT가 스스로 도와가며 완성해 줍니다. 누구나 손쉽게 따라할 수 있다는 장점이 있습니다.

두 번째는 보다 구체적인 지침과 구성을 직접 설정해 만드는 방법입니다. 예를 들어 챗봇의 말투, 응답 스타일, 어떤 데이터를 참고해야 하는지 등의 아주 디테일한 내용까지 내가 직접 정의할 수 있는 고급 방식입니다. 이 방식은 앞의 방식보다는 조금 더 시간이 걸리지만 원하는 결과물을 더 정교하게 만들 수 있다는 장점이 있습니다.

이번 챕터에서는 ChatGPTs의 전반적인 구조를 이해하는 데 중점을 두고, 가장 기본적이고 쉬운 방식인 키워드를 활용한 제작 방법에 대해 알아보려고 합니다.

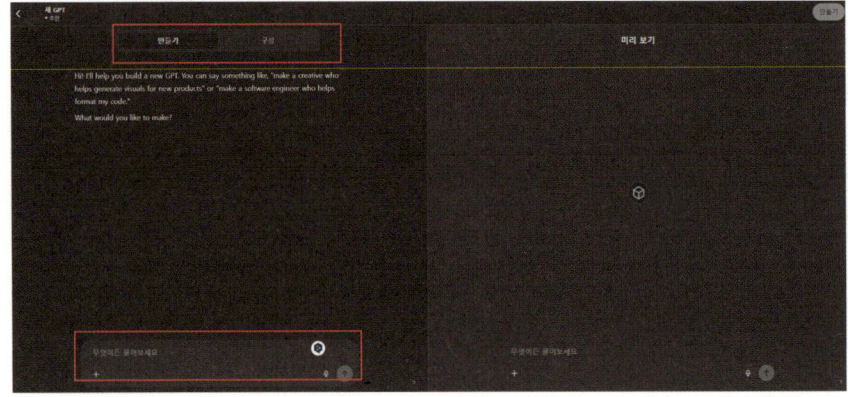

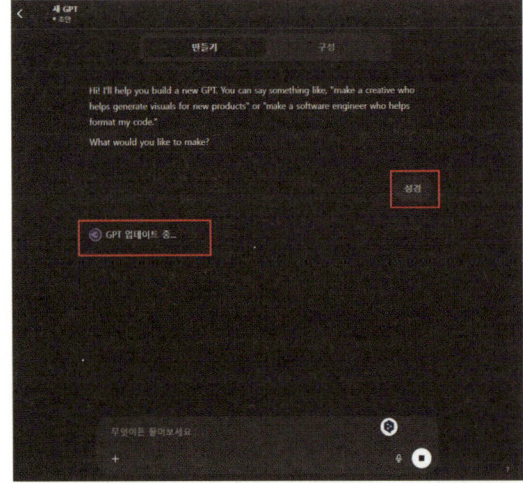
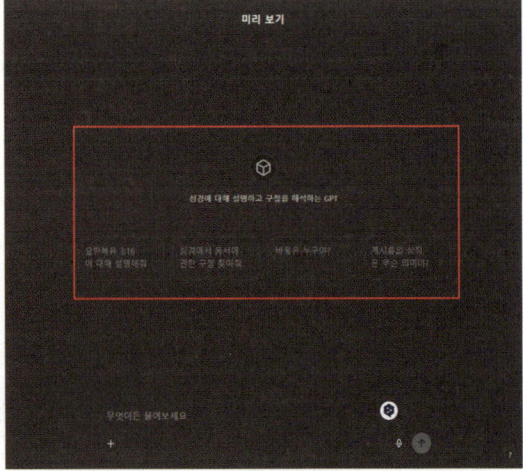

정말 놀랍게도 이제는 몇 가지 키워드만 입력하는 것만으로도 ChatGPTs를 손쉽게 만들수 있습니다. 복잡한 코딩 지식이나 기술적인 설정 없이도 누구나 쉽게 자신만의 맞춤형 ChatGPT를 만들 수 있는 시대가 열렸습니다.

처음 시작할 때는 내가 만들고자 하는 ChatGPTs의 주제나 역할, 성격 같은 핵심 키워드만 간단히 입력하면 됩니다. 예를 들어 '원어 분석기', '기독교 상담사', '성경' 같은 식으로 말이죠. 그러면 그 이후는 ChatGPT가 알아서 도와줍니다.

이제부터는 ChatGPT가 제안하는 흐름을 따라가기만 하면 어느새 완성도 높은 ChatGPTs가 만들어집니다. 필요한 설정과 기능, 대화 스타일, 응답 방식 등을 ChatGPT가 차근차근 안내해 주기 때문에 마치 나와 함께 공동 창작을 하는 느낌으로 제작 과정을 진행할 수 있습니다.

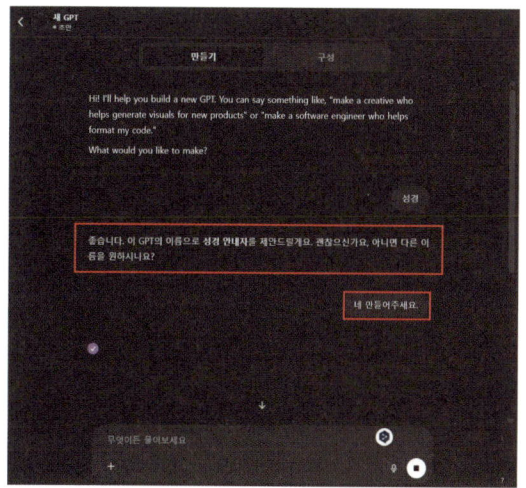 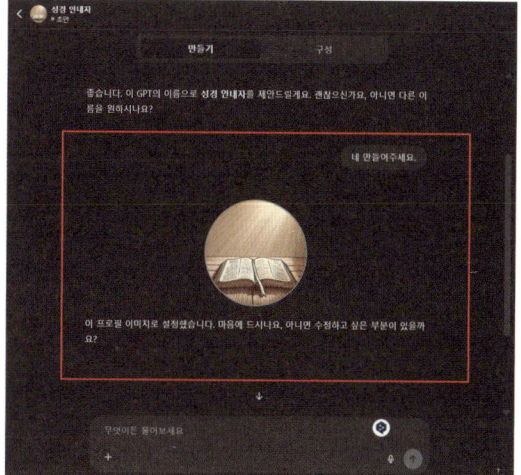

이제 저만의 ChatGPTs가 완성되었습니다. 생각보다 간단한 과정으로 만들어졌지만 그 기능과 가능성은 정말 놀라울 정도입니다. 처음에는 '이게 정말 잘 작동할까?' 하는 의문도 있었지만, 실제로 사용해 보면 기대 이상으로 훌륭한 자료를 제공한다는 것을 알게 될 것입니다.

이 ChatGPTs를 시각적으로 표현하기 위해, 저는 DALL·E를 활용해 이미지를 하나 제작했습니다. 이 이미지는 ChatGPTs의 정체성과 개성을 잘 담고 있고 단순하지만 깔끔하고 직관적인 디자인이라 제가 좋아하는 방식입니다. 앞으로 제가 만든 ChatGPTs를 대표하는 상징적인 이미지로 사용할 계획입니다.

이제 오픈을 해볼까요?

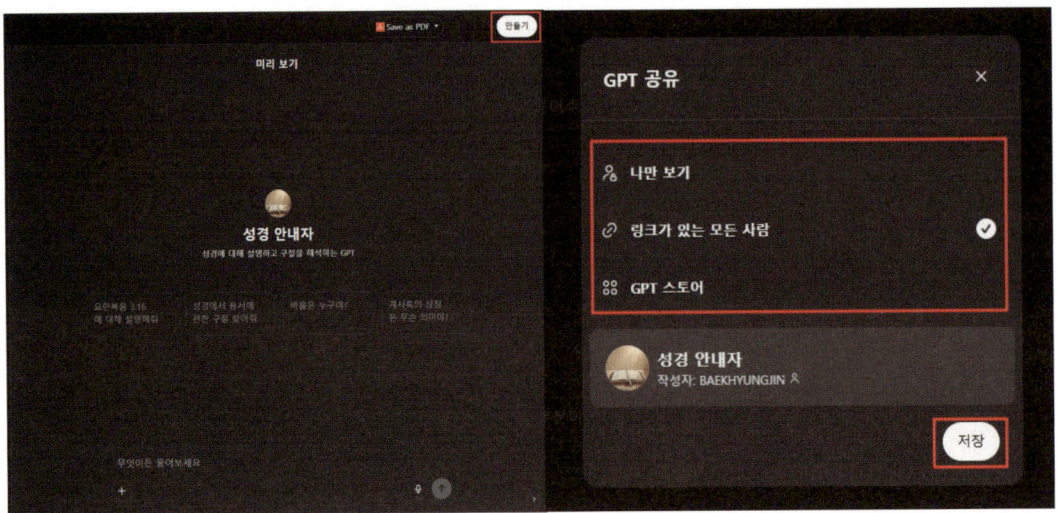

ChatGPTs를 세상에 공개하는 방법에는 크게 세 가지가 있습니다. 각 방식은 목적과 활용도에 따라 다르게 선택할 수 있는데요, 아래에서 하나씩 자세히 소개해 드리겠습니다.

첫 번째는 "나만 보기"입니다. 말 그대로, 이 옵션을 선택하면 해당 ChatGPTs는 오직 나 혼자만 사용할 수 있습니다. 외부에 전혀 공유되지 않기 때문에 개인적인 용도나 실험용, 혹은 아직 완성되지 않은 ChatGPT를 조용히 테스트하고 싶은 경우에 적합한 방식입니다. 일종의 비공개 개발 단계라고 생각하시면 됩니다.

두 번째는 "링크가 있는 모든 사람"입니다. 이 방법은 ChatGPTs를 링크를 가진 사람만 접근할 수 있게 설정하는 방식입니다. 이 링크를 지인에게 공유할 수도 있고, 커뮤니티나 SNS, 블로그 등의 다양한 경로로 배포할 수 있습니다. 이 기능은 ChatGPT에 관심 있는 사람들을 자연스럽게 모으는 채널로 활용할 수 있으며, 나만의 ChatGPT를 알리고 사람들의 반응을 살펴보는 데도 아주 유용합니다. 나아가 이 ChatGPT를 통해 자신의 전문성이나 브랜드 이미지를 구축하는 수단으로도 활용할 수 있습니다.

마지막 방법은 "ChatGPT 스토어에 공개하기"입니다. 이 방법은 이름 그대로, 누구나 접근가능한 공개 마켓 플레이스에 ChatGPT를 등록하는 것을 의미합니다. ChatGPT 스토어에 올라간 챗봇은 전 세계 사용자들이 쉽게 찾아보고 사용할 수 있기 때문에, 더 많은 사람들에게 자신의 ChatGPT를 소개하고 활용도를 높이고 싶을 때 선택하면 좋은 옵션입니다.

6. ChatGPT로 이미지 만들기

ChatGPT의 이미지 생성기는 DALLE3입니다. 하지만 2025년 3월에 업데이트가 되어 많은 변화와 혁신을 가져왔습니다. 우선 한글 표현력이 많이 달라졌습니다. 이전에는 어떤 언어인지 알아보지 못했는데 이제는 한글을 꽤 잘 표현합니다. 더불어 실제적으로 활용 가능한 정도의 결과물을 제공해 주기도 합니다.

아래의 두 이미지를 비교해 보면 바로 알 수 있습니다. 왼쪽에 있는 이미지는 기존 DALLE3로 생성한 것이고, 오른쪽의 이미지는 이번 2025년에 업데이트된 이미지 생성기로 만든 것입니다.

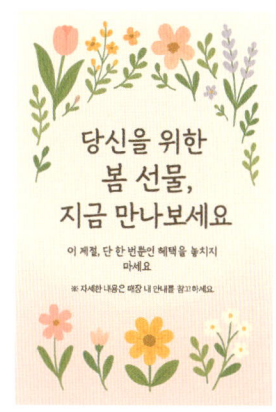

DALLE 생성   ChatGPT 4o 이미지 생성

꽤 큰 차이가 있죠?

더불어 많은 변화가 있었습니다. 이에 대한 자세한 내용은 이미지 생성 챕터에서 더 자세히 다뤄드리도록 하겠습니다.

여기서 또 알고 가야 할 점은 현재 무료 사용자는 매일 2, 3회의 횟수만 가능하다는 것입니다. 즉 ChatGPT4o를 사용할 수 있는 한도 내에서 활용가능한 정도입니다.

Plus 사용자라하여 끊임없이 활용되는 것은 아닙니다. 약 150-200회가 지나면 몇 시간 동안은 생성을 하지 못한다는 점을 기억해야 합니다.

7. 소라(SORA) 활용해서 이미지 만들기

ChatGPT를 사용하면서 절대 모르고 넘어가지 말아야 하는 서비스는 바로 이 SORA입니다. 소라에 들어가는 방법은 간단합니다. (하지만 Plus 가입자부터 사용이 가능하다는 점을 유의해주세요.)

ChatGPT 창에서 사이드바를 선택하고, 사이드바에서 "SORA"를 선택합니다.

선택하고 들어가면 바로 화면이 SORA 로그인 화면으로 이동합니다. 이동한 후에 로그인을 진행하고, 본인의 해당 아이디, 즉 ChatGPT 아이디로 사용하고 있는 계정을 선택하면 자동적으로 가입이 됩니다.

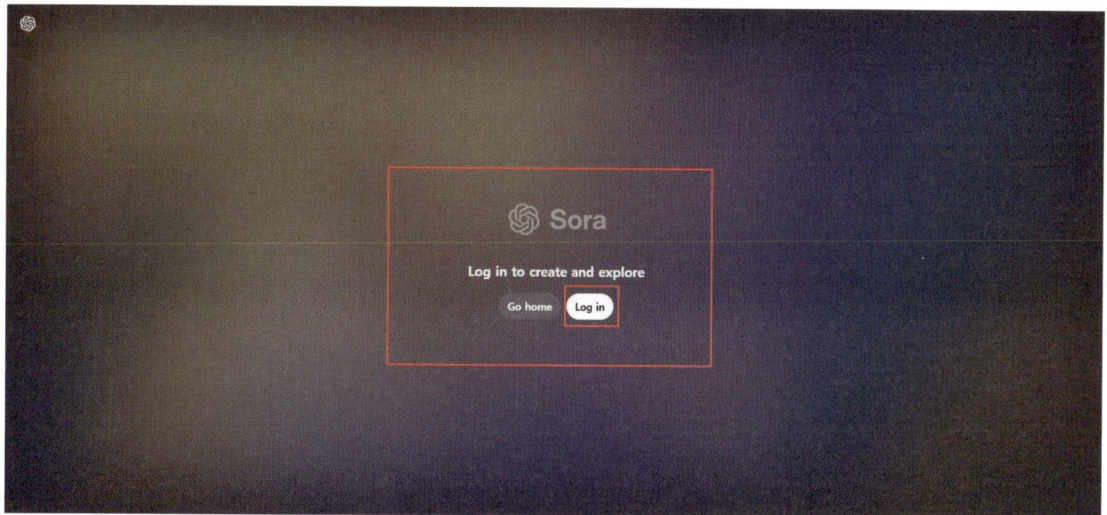

로그인이 되면 다음의 화면으로 변경됩니다.

이렇게 첫 화면이 나오면 가장 먼저 눈에 들어오는 것이 왼쪽의 사이드바입니다. 이 사이드바에서 제일 상단에 있는 순서대로 설명하겠습니다.

첫 번째로 Explore는 지금까지 사람들이 생성한 이미지나, 영상을 모아 놓은 전시장입니다. 여기서 프롬프트나 어떤 방식으로 생성했는지를 확인해 볼 수 있습니다.

두 번째로 Images는 이미지를 생성하는 항목입니다. ChatGPT에서 생성하는 것과 동일하게 생성이 가능합니다. 그러나 살짝 속도가 느리지만 확실히 이제는 어느 생성형 ChatGPT와도 비교해도 부족함이 없어 보입니다.

세 번째로 Videos는 이미지를 동영상으로 변환해 주거나 텍스트를 동영상으로 생성해 주는 역할을 합니다. 여기서는 5, 10초 정도의 영상을 만들 수 있고, 720p의 화질의 영상까지 생성할 수 있습니다. 특히 스토리보드라는 부분은 10초를 구성하는 데 있어서 스토리를 넣어서 영상화할 수 있는 주요한 기능입니다.

네 번째로 My media는 지금까지 내가 이미지와 영상을 보관하는 곳입니다. 이전에 생성한 이미지나 영상도 모두 있기 때문에 필요한 부분을 다시 다운로드받을 수 있습니다.

다섯 번째로 New Folder는 이미지나 영상을 한 곳에 모아두는 것이 아니라 폴더화하여 관리할 수 있도록 지원하는 것입니다.

그럼, 이제 생성하는 법을 알아볼까요? 먼저 이미지 생성에 대해 알아보겠습니다.

기본적인 생성 방법은 프롬프트 창에 이미지 프롬프트를 넣어주면 됩니다. 그런데 주변에 뭐가 정말 많죠?

먼저 설명할 부분은 맨 아래에 +입니다. +는 내가 가지고 있는 파일을 업로드할 수 있습니다. 이미지 4o 생성기는 이미지를 올려주면, 그 이미지를 기반해서 비슷한 이미지를 잘 생성해 줍니다. 그래서 만약 내 사진이나 아니면 배경 사진을 업로드하고, 그것을 참조하여 생성하라는 명령을 내리면 잘 생성해 줍니다.

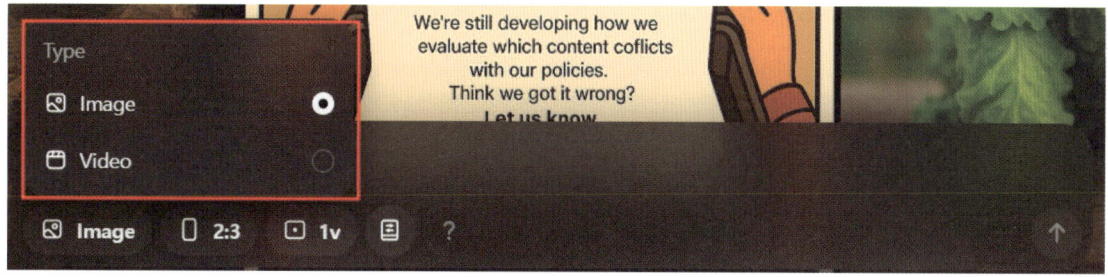

 그 다음으로, 프롬프트 창 아래 이미지라는 부분을 누르면 나오는 창입니다. 여기서는 이미지를 생성할 것인지, 아니면 비디오를 생성할 것인지를 결정할 수 있습니다.

 비디오의 경우는 이미지에서 영상으로 만들고 싶다면 필수적으로 이미지를 올려줘야겠죠?

 여기서 보듯이 비디오로 변경 후 플러스 버튼을 누르면 두 가지 항목이 나옵니다. 1번은 내가 생성한 이미지를 보관함에서 가져오는 것입니다. 2번은 내 컴퓨터에 있는 이미지를 가져오는 것을 의미합니다.

 그래서 업로드된 내용을 기반으로 이미지를 생성하거나, 비디오로 생성을 진행할 수 있습니다.

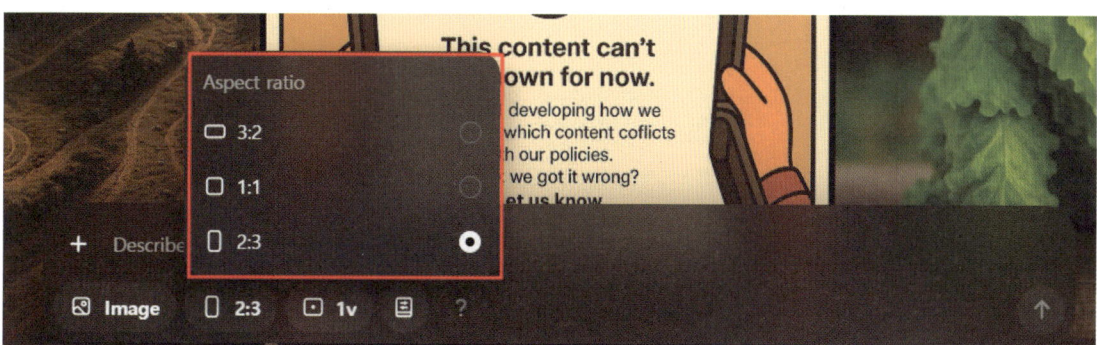

2:3이란 부분을 선택하면 위의 종횡비를 결정할 수 있는 항목입니다. 이 항목은 이미지나 비디오에 동일하게 적용됩니다. 이 종횡비를 통해 가로나 세로에 맞는 형태로 구성할 수 있습니다. 3:2 같은 경우에는 확장하면 유튜브 썸네일에 활용할 수 있고, 1:1은 인스타그램이나 기본 사각형 이미지이기 때문에 다양하게 적용이 가능합니다. 더불어 2:3은 긴 이미지로 핸드폰 배경화면 등으로 활용할 수 있습니다.

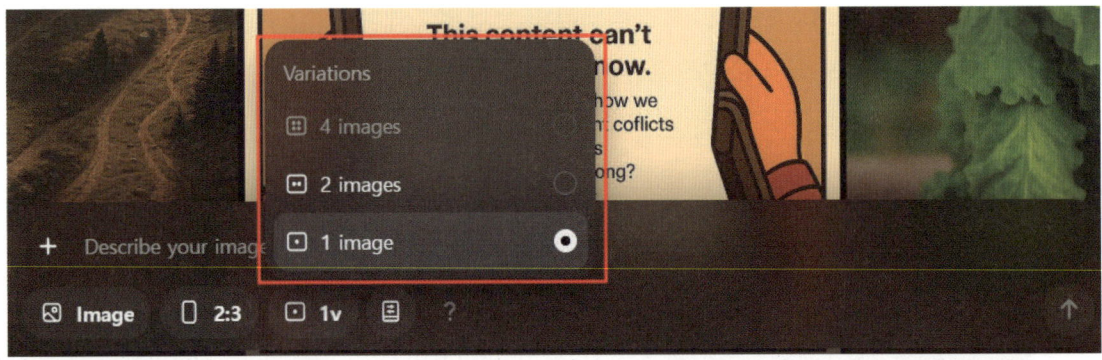

1v라는 항목은 이미지 생성 개수를 의미합니다. 이 또한 영상이나 이미지 또한 동일하게 적용되는 부분입니다. 가능하면 1 image를 선택하여 활용하는 것을 추천합니다. 지금은 포인트가 사용되지 않지만 2 images를 생성하는 것보다는 하나의 이미지를 생성하는 것이 더 잘 생성되는 경우가 있기 때문입니다.

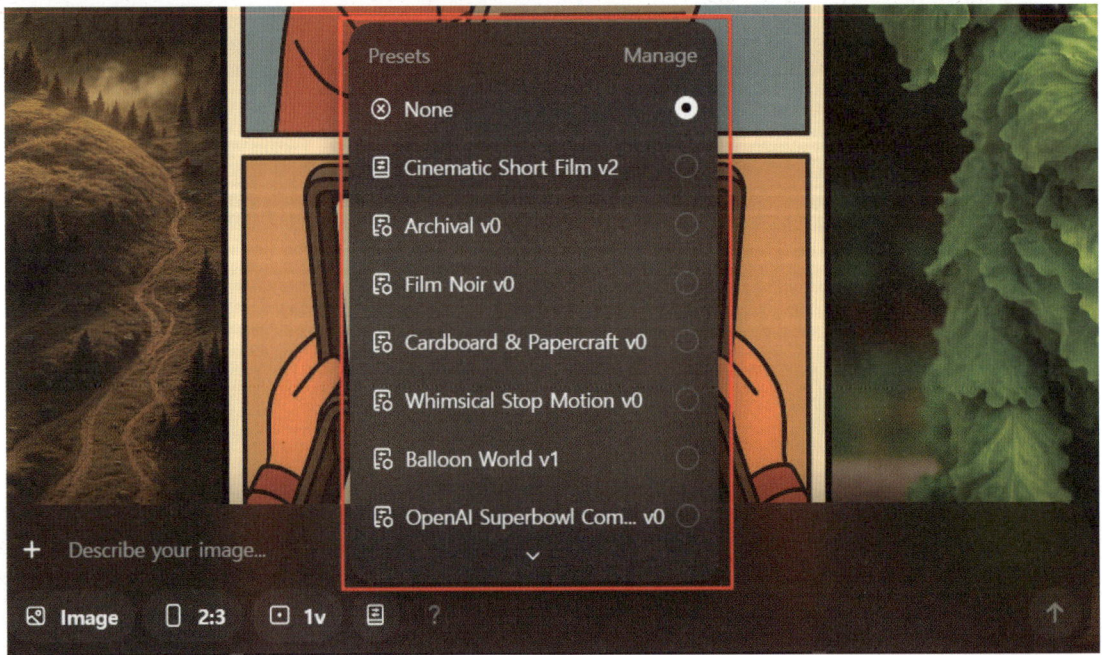

또한 이 항목은 어떤 이미지 스타일로 생성할 것인지를 도움을 받을 수 있습니다. 이 항목을 선택하고 이미지를 생성하면 기본적으로 구성된 내용을 기반으로 생성하게 됩니다.

ChatGPT의 다양한 버전과 모델들

    ChatGPT 서비스는 다양한 버전과 모델이 있으며, 사용 목적에 따라 적합한 모델을 선택하는 게 중요합니다. 또한 각 모델의 특성을 명확히 이해하면 효율적으로 활용할 수 있습니다.

1) ChatGPT4o

    가장 기본적이고 보편적인 모델입니다.

이미지 생성 및 ChatGPTs와 같은 대부분의 기본 서비스는 ChatGPT4o를 기반으로 운영됩니다. 전반적인 ChatGPT 작업과 일상적인 질문 처리에 적합합니다.

2) ChatGPT4.5

    글쓰기와 코딩에 특화된 모델입니다.

기존 ChatGPT 모델들은 아이디어 생성 능력은 뛰어나지만, 표현이 다소 어색하고 인공지능 특유의 문체를 가지고 있다는 평가를 받고 있습니다. ChatGPT4.5는 자연스럽고 유려한 문장 작성과 정확한 코딩 작업에 최적화된 모델로, 창의적이고 전문적인 글쓰기에 적합합니다.

3) ChatGPTo3

    고급 추론 기능에 최적화된 모델입니다.

2025년 4월 19일에 o1이 plus 모델에서 서비스를 제공하지 않고, o3mini만 제공되던 것을 o3로 업그레이드하여 제공해 주고 있습니다. 일주일에 약 25회로 질문 횟수가 제한되어 있으며, 질문 후 즉시 답변을 주지 않고, 신중히 추론 과정을 거친 후 응답합니다. 복잡하거나 심층적인 문제를 다룰 때 탁월한 성능을 발휘하는 모델입니다.

4) ChatGPTo4mini

    빠른 속도와 효율성에 중점을 둔 경량화 모델입니다.

상대적으로 간단한 작업이나 빠른 피드백이 필요한 경우 효과적으로 사용할 수 있습니다. 많은 질문이나 빠른 응답 속도가 중요한 작업에 최적화되어 있습니다.

5) ChatGPTo4high

　　고성능 및 높은 정확도를 목표로 개발된 모델입니다.
복잡한 정보 처리, 높은 정확성이 요구되는 과학, 기술, 전문 분야의 업무에 적합합니다.
세부적이고 정확한 결과물이 중요한 작업 환경에 이상적입니다.

각각의 ChatGPT 모델은 특정 기능과 사용 목적에 따라 구별됩니다. 필요에 따라 적합한 모델을 선택하여 업무 효율과 결과의 품질을 높일 수 있습니다.

CHAPTER 2

목회를 위한 좋은 프롬프트

제2장
목회 현장에서 바로 사용할 수 있는 효과적인 프롬프트

"그게 정말 ChatGPT가 가능한 일이에요?"

ChatGPT를 처음 접한 목회자들에게 종종 받는 질문입니다. 놀라움과 불신, 호기심과 거리감 사이에서 어떤 관점을 가지고 ChatGPT를 대해야 할지 아직 정리가 안 된 듯합니다. '설교를 작성해 준다', '기도문을 대신 만든다', '상담 메시지를 대신 보내준다'라는 말들은 과장처럼 들리는 듯합니다. 그러나 실제로 경험해 본 목회자들은 이내 반응을 보입니다.

"이걸로 설교가 더 깊어졌어요."
"저보다도 더 교인의 상황에 맞는 말을 생각해 줄 때가 있어요."
"시간이 훨씬 줄었고, 사역의 격은 더 올라갔어요."

ChatGPT를 처음 대하는 목회자는 의심을 합니다. 그러나 진짜 위협은 ChatGPT가 일을 너무 잘할 때 불안해집니다. '내 자리를 뺏는 건 아닐까', '이걸 내가 써도 되는 걸까', '말씀을 대신 쓰는 건 신학적으로 문제가 있는 건 아닐까' 등의 질문들을 하게 됩니다.

이 챕터는 바로 이러한 질문을 가지고 시작하려고 합니다. ChatGPT가 감당할 수 있는 몫은 ChatGPT에게 맡기고, ChatGPT가 할 수 없는 영역은 목회자가 더욱 분명히 붙드는 법. 그래서 이 둘 사이의 균형을 잡을 수 있는 방법을 알려드리고자 합니다.

1. 목회 현장에 ChatGPT가 사용될 수밖에 없는 이유

중대형교회 이상이 아닌 이상 목회자의 현실은 혼자서도 다 해야 하는 실정입니다. 현대 목회는 다음과 같은 상황과 마주하고 있습니다.

- 인력 부족: 부교역자가 없는 1인 목회 환경
- 행정 과부하: 주보, 보고서, 문자 발송까지 도맡아야 함
- 정서적 소진: 매주 설교, 매일 심방, 매번 위로와 격려 등을 하다 보면 말이 고갈됨
- 콘텐츠 압박: 유튜브, 인스타, 성경공부, 제자양육, 기획안 등의 계발해야 할 목회 콘텐츠가 너무 많음

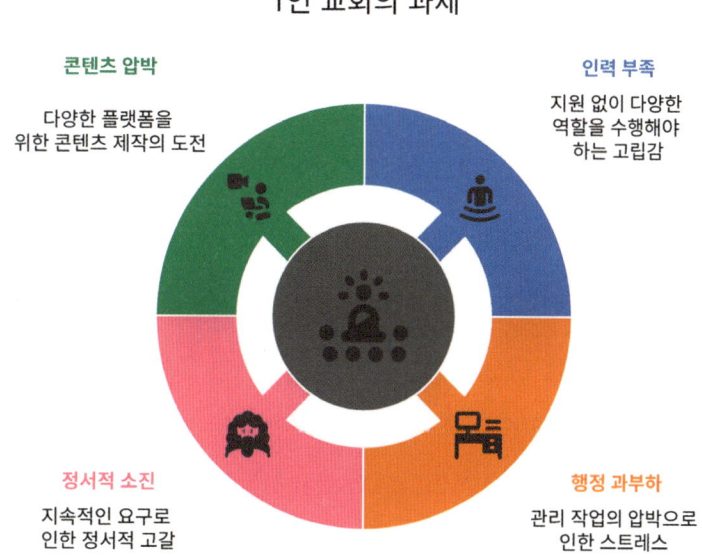

1인 교회의 과제

ChatGPT는 이 모든 상황에서 "대신 사역하는 도구"가 아니라, "목회자가 본질에 집중하게 해주는 도구"로 작동할 수 있습니다.

2. 절대로 ChatGPT가 할 수 없는 영역인 목회

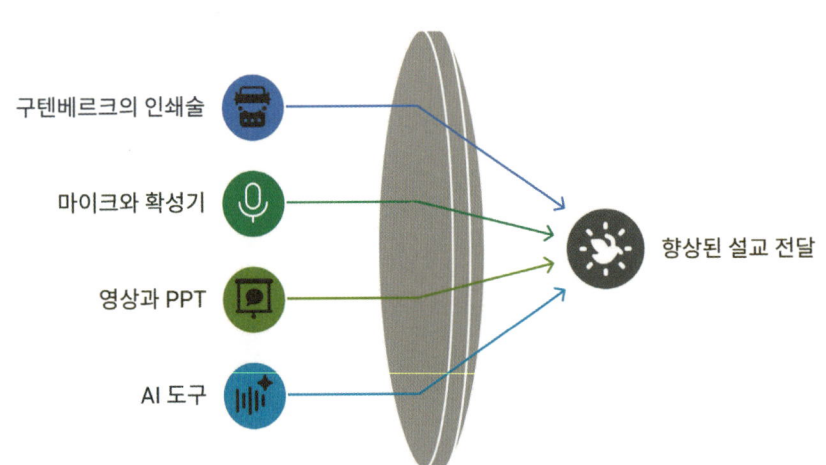

역사 속에서 교회는 늘 새로운 도구와 기술을 활용해 왔습니다.
- 구텐베르크의 인쇄술은 설교자에게 성경을 대중화하게 했고,
- 마이크와 확성기는 더 많은 회중에게 설교가 전달되도록 했습니다.
- 영상과 PPT는 청중들이 설교를 이해하는데 기여했습니다.

ChatGPT도 다르지 않습니다. ChatGPT는 "말을 생성하는 도구"입니다.
도구 자체에는 윤리적 선악이 없습니다.
그 도구를 어떻게 사용하는가, 그리고 어디까지 사용하는가가 오히려 신학적 논의의 핵심입니다.

ChatGPT가 할 수 없는 영역
- 신학적 판단은 ChatGPT가 할 수 없습니다.
- 성도의 마음을 공감하는 일은 ChatGPT가 못합니다.

그러나 신속한 자료 정리, 말의 구조화, 반복적인 메시지 생성 등은 ChatGPT가 훨씬 잘합니다.

3. ChatGPT가 목회의 영역에서 할 수 있는 일

ChatGPT가 목회의 영역에서 할 수 있는 일	
사역 영역	내용
설교 준비	본문 주제 요약, 예화 초안 생성, 설교 구조 제안
심방·상담	공감 메시지 초안, 위로 문자, 기도문 작성
행정 업무	회의록, 보고서, 행사 안내문, 주보 초안
교육·양육	성경공부 질문, 소그룹 교재 초안 작성
콘텐츠 제작	교회 카드뉴스, 이미지 생성(DALL·E), 간단한 SNS 문구

ChatGPT가 목회의 영역에서 할 수 없는 일	
항목	주의 사항
신학적 판단	ChatGPT의 해석은 신학적으로 권위가 없음
목회적 결단	상담 방향 결정, 갈등 중재는 ChatGPT가 할 수 없음
개인정보 처리	교인 이름, 사례, 민감 정보는 절대 입력 금지
완전한 사실 보장	거짓 정보를 진짜처럼 말하는 '할루시네이션' 현상 존재

이 표를 통하여 알 수 있듯이 ChatGPT가 잘하는 것은 글을 생성하는 일이지만, 그 한계도 명확합니다. 그래서 아이디어를 얻는 일은 잘할 수 있지만 판단이나 해석의 문제는 여전히 목회의 몫이라는 것을 알 수 있습니다.

4. 목회자를 위한 좋은 프롬프트 작성하기

ChatGPT는 단순한 검색 도구가 아닙니다. 우리가 입력하는 문장을 '프롬프트'(prompt)라고 부릅니다. 이 프롬프트는 단지 명령이 아니라 인공지능에게 지금 내가 원하는 것, 내가 처한 목회적 상황, 내가 기대하는 결과물까지를 '언어로 설계하는 문법'입니다.

프롬프트는 ChatGPT를 일하게 하는 명령어 체계를 의미합니다. 어떤 방식으로 명령하면 ChatGPT를 잘 일을 시킬 수 있을까요? 명확한 명령어를 구성하면 좋은 결과를 얻을 수 있습니다. 그래서 단순한 명령을 넘어서 이 도구의 성격을 이해하고 어떻게 설계하느냐에 따라 ChatGPT는 놀라운 조력자가 되기도 하고, 무능력하고 답답한 짐이 되기도 합니다. 성도에게 적절한 위로의 말, 주보에 실릴 성경 묵상 칼럼, 교회 교육 자료 등의 아이디어를 얻기 위해서는 단 1줄의 프롬프트면 가능합니다.

좋은 프롬프트는 이렇습니다.
- 구체적입니다.
- 맥락이 살아 있습니다.
- 기대하는 출력이 명확히 기록합니다.
- 역할을 부여합니다.
- 예시와 조건이 포함됩니다.

ChatGPT는 똑똑한 비서 같은 존재입니다. 무한한 잠재력을 가지고 있지만 구체적인 사역의 방향과 기대를 알려주지 않으면, 원하는 결과를 절대 얻을 수 없습니다. 그래서 프롬프트는 '잘 써야 합니다'가 아니라 '잘 배워야 합니다'가 정확한 표현입니다.

좋은 프롬프트는 다음의 5대 요소를 잘 갖춘 것을 의미합니다. 이런 요소가 들어가야 ChatGPT가 명확한 명령을 받을 수 있기 때문입니다.

많은 사람들이 더 이상 프롬프트는 존재하지 않을 것이고 공부하지 않아도 될 것이라 말하고 있지만, 이에 저는 동의하지 않습니다. 왜냐하면 결국 ChatGPT에게 명령을 내리는 것은 사람이고, 그 명령을 명확하게 전달하는 것에 있어서 그 완성도를 이끌어내는 일도 철저히 사람의 몫이기 때문입니다.

프롬프트를 구성하는 5요소

[역할] ChatGPT에게 어떤 인물처럼 말하게 할 것인지 지시합니다.
[요청] 실제로 무슨 일을 해달라는 것인지 구체화합니다
[실행지침] 분량, 문체, 어조 등 구체적인 작성 지침입니다.
[출력 예시] 원하는 형식이나 스타일을 예로 제시합니다. (선택 사항)
[제한사항] ChatGPT가 피해야 할 언어/형식/내용 제한 설정합니다.

예시 1. 설교 예화 생성

[역할] 당신은 현대 성도들이 쉽게 공감할 수 있는 예화를 작성하는 목회자입니다.
[요청] ['하나님의 공급하심']을 주제로 직장인 성도에게 맞는 예화를 작성하세요.
[실행지침] 1000자 이내, 실제 상황처럼 느껴지도록 구성해 주세요.
[제한사항] 비현실적이거나 신비주의적 표현은 피합니다.

예화: 퇴직 위기 앞에서 경험한 하나님의 공급

3년 전, 정우 형제는 7년간 다닌 중소기업에서 갑작스럽게 구조조정 대상이 되었습니다. 회사 실적이 악화되면서 팀 전체가 축소되었고, 가장 연차가 낮은 정우 형제에게 먼저 통보가 왔습니다. 집에 돌아와 아내에게 말도 못 하고, 혼자 방에 들어가 하나님께 기도했습니다. "하나님, 이제 어떻게 해야 하나요. 아이 학원비도 밀렸고, 대출도 갚아야 하는데요."

다음 날, 그는 마음을 정리하고 평소 교회에서 알던 선배에게 연락해 조언을 구했습니다. 놀랍게도 그 선배는 최근 자신의 팀에서 경력직 디자이너를 구하고 있었고, 정우 형제의 실력을 이미 알고 있던 터라 면접을 제안했습니다. 한 주 뒤, 정우 형제는 새로운 직장에서 출근하게 되었습니다. 급여는 조금 낮았지만 출퇴근 거리가 짧아졌고, 팀 분위기도 훨씬 건강했습니다.

몇 달 후, 그는 아내에게 이렇게 말했습니다. "그땐 모든 게 끝난 줄 알았는데, 돌아보니 그게 시작이었어." 정우 형제는 지금도 간증처럼 고백합니다. "하나님은 내가 쓰러지기 전에 다른 문을 열어두고 계셨어요."

> 이 예화는 하나님의 공급이 기적처럼 갑자기 하늘에서 떨어지는 것이 아니라, 우리가 일상의 책임을 다하며 누군가에게 손을 내밀고 열린 문을 향해 발걸음을 옮길 때 경험하게 되는 실제적인 은혜임을 보여줍니다.

예시 2. 주보 문구 작성

> [역할] 당신은 교회 주보를 작성하는 교회 행정 담당자입니다.
> [요청] [부활절 예배] 초청 문구를 작성해 주세요.
> [실행지침] 200자, 500자로 각각 3개씩 제안, 따뜻하고 밝은 분위기로 작성합니다.
> [제한사항] 신학적으로 논쟁의 여지가 있는 단어는 사용하지 않습니다.

물론입니다. 아래는 따뜻하고 밝은 분위기를 담은 부활절 예배 초청 문구입니다.
요청하신 대로 200자 이내 3개, 500자 이내 3개로 나누어 정성껏 작성해 드렸습니다.

■ [200자 이내 초청 문구 - 3가지]

1.
생명이 피어나는 봄, 다시 살아난 희망의 이야기.
부활절 예배에 여러분을 초대합니다.
따뜻한 찬양과 기쁨의 말씀 속에서
새로운 시작을 함께해요!

2.
부활의 기쁨이 가득한 이 아침,
소망의 빛으로 우리 삶을 비추는 시간입니다.
가족과 이웃과 함께
부활절 예배의 자리에 오세요!

3.
살아나는 계절, 새롭게 시작되는 마음.
올해 부활절, 예수님의 사랑을 기억하며
기쁨과 감사로 가득한 예배를 함께 드려요.

■ **[500자 이내 초청 문구 – 3가지]**

1.
하늘도 따뜻해지는 봄날,
우리 마음에도 생명의 빛이 다시 스며듭니다.
부활절은 절망을 딛고 희망으로 나아가는 날입니다.
예수님의 사랑이 우리 삶 속에 다시 살아나는
이 뜻깊은 시간에 여러분을 초대합니다.
기쁨과 감사가 가득한 부활절 예배에 함께해 주세요!

2.
부활절은 우리에게 다시 웃을 힘을 주는 날입니다.
지친 마음, 답답한 현실 속에서도
변함없이 우리 곁에 계신 주님의 사랑을 기억하며
새로운 용기를 얻는 시간이 될 것입니다.
올해 부활절 예배에 함께하시어
소망과 평안으로 가득한 봄날을 시작해 보세요.

3.
부활의 아침은 어둠을 밝히는 빛으로 다가옵니다.
잃어버렸던 희망이 다시 피어나고,
멈춰 있던 삶에 새 힘이 솟아나는 시간—
바로 부활절입니다.
우리의 삶에도 따뜻한 위로와 기쁨이 스며드는
이 은혜의 날에 여러분을 진심으로 초대합니다.

추가로 필요하신 포맷(카톡 초대말, 배너 문구 등)이나 대상 맞춤(청년부, 장년부, 새가족용)도 도와드릴 수 있습니다. 언제든 말씀 주세요!

예시 3. 교인 상담 메시지 초안

> [역할] 당신은 신앙적 위로를 전하는 목회자입니다.
> [요청] 최근 가족 간 갈등으로 지친 [40대 성도]에게 보낼 위로 메시지를 작성해 주세요.
> [실행지침] 성경적 메시지를 포함하여, 250자로 내외로 3가지 문장을 진심이 느껴지도록 작성합니다.
> [제한사항] 판단하거나 정죄하는 표현은 피합니다.

물론입니다. 아래는 가족 간 갈등으로 지친 40대 성도에게 전할 수 있는, 진심 어린 위로의 메시지입니다. 각 문장은 약 250자 내외로 작성되었으며, 정죄 없이 따뜻한 마음을 담았습니다.

1.
요즘 마음이 많이 지치셨지요.
그 마음 그대로 하나님께 나아가시길 바랍니다.
"수고하고 무거운 짐 진자들아 다 내게로 오라"(마11:28)
예수님은 당신의 아픔을 외면하지 않으시고
조용히 품어주시고 회복시키시는 분이십니다.

2.
가족과의 관계 속에서 상처받은 마음,
하나님은 누구보다 깊이 아시고 안아주십니다.
"하나님은 상한 마음을 고치시며 그들의 상처를 싸매시는도다"(시147:3)
지금도 당신을 위한 회복의 시간을 준비하고 계십니다.

3.
쉽게 말할 수 없는 어려움 속에서도
믿음을 지키려 애쓰는 당신을 하나님은 결코 놓지 않으십니다.
"여호와께서 너를 지켜 모든 환난을 면하게 하시며…"(시121:7)
지금의 시간도 결국, 선한 길로 인도하실 것을 믿습니다.

필요하시면 문자 메시지나 카드 이미지용으로도 맞춤형으로 변환해 드릴 수 있습니다. 언제든 말씀 주세요.

프롬프트 템플릿으로 연습하기

STEP 1: 사역에 필요한 작업을 아래의 예를 참고해서 생각합니다.

예시: "주보 문구 작성", "청년부 심방 문자 초안 작성"

STEP 2: 프롬프트 틀에 맞게 작성하세요.

[역할] / [요청] / [실행지침] / [제한사항]

STEP 3: 출력된 결과를 검토하고 수정하세요.

기도하며 문장을 수정합니다.

문장에 이 사람을 위한 문장인지를 살펴봅니다.

수정된 문장을 저장하면 다음에도 활용이 가능합니다.

목회자는 ChatGPT보다 더 신중해야 합니다

ChatGPT는 문장을 만들어도 성도의 눈물을 읽지는 못합니다. 아무리 ChatGPT가 발전해도 성도의 마음을 품어주지는 못합니다. 그저 사용자의 명령에 응답하고 그럴 듯하게 만들어 흉내낼 뿐입니다.

ChatGPT는 예화를 만들어도 성도의 삶을 모르고 얼굴을 마주치지도 않습니다. 목회자가 ChatGPT를 사용할 때에는 더 기도하고, 더 신중하고, 더 사랑해야 합니다.

ChatGPT가 만든 글의 초안이 아무리 좋아도, 결국은 목회자의 손에서 기도 가운데 '성령의 언어'로 바뀔 때 그것은 사람을 살리는 진짜 복음의 메시지가 됩니다. 우리는 ChatGPT를 사용할 때 복음을 위한 도구로만 사용해야 합니다.

- 할 수 있는 일 : 설교 자료, 심방 메시지, 주보 문구, 기도문, 보고서 작성 등
- 할 수 없는 일 : 신학적 판단, 정서적 공감, 개인정보 처리, 사실 검증 등
- 프롬프트 핵심 : 역할요청, 실행지침, 제한사항, 구조로 명확히 작성
- 목회자의 책임 : ChatGPT의 결과물은 반드시 신학적 판단과 기도하면서 사용

CHAPTER 3

설교 준비에 활용하기

제3장
ChatGPT를 설교 준비에 활용하기

목회 사역 중 가장 성도들의 기대가 집중되는 시간이자 목회자의 고독이 깊어지는 순간이 있습니다. "바로 주일 강단입니다." 설교는 단지 30분의 발표가 아니라 하나님이 오늘 이 성도에게 주시는 '살아 있는 말씀'이어야 하기에 한 편의 설교에는 수십 시간의 기도, 고민, 묵상, 그리고 인내가 담겨 있습니다. 다시 말해 목회자의 삶이 녹아 있습니다.

그러나 현실은 어떨까요?

　　갑작스러운 행사, 심방 일정, 행정 업무에 밀려 연구할 시간은 부족하고
　　매주 반복되는 본문 선정과 주제 구성에 지치고,
　　성도들이 다 아는 본문에 새로운 관점과 적용을 구상해야 하는 압박을 받습니다.

특히 시간은 부족한데, 성도들의 기대는 높을 때, 목회자는 설교 때문에 힘들고 괴롭습니다.

이 장에서는 바로 그 순간, ChatGPT가 '설교 준비의 동역자'로 어떤 실질적인 도움을 줄 수 있는지에 대해 설명드리고자 합니다. ChatGPT는 단순한 도구 사용법이 아니라 목회 현장의 맥락에 맞게, 그리고 신학적 가이드 안에서 활용할 수 있습니다.

왜 설교는 ChatGPT의 도움을 받아야 하는가?

설교는 단순한 메시지 전달을 넘어서는 고귀한 종합 예술이자 사역의 정수입니다. 신학

적 깊이와 인문학적 통찰을 아우르며, 목회자의 영감, 감성, 인간적 공감을 풍부히 담아내어 성도들의 마음을 깊이 움직이고 삶을 근본적으로 변화시킬 수 있는 중요한 시간입니다. 설교의 준비 과정에서 ChatGPT는 목회자의 창의성과 영감을 더욱 빛나게 하는 조력자 역할을 할 수 있습니다.

물론 ChatGPT는 설교를 '대신'하지 않습니다. 기계가 설교를 만들어 내는 것이 불가능하며, 실제 그렇게 할 수 있다고 하더라도 그래서는 안 됩니다. 그러나 설교 준비 과정에서 반복적이고 시간이 많이 소요되는 업무를 효율적으로 처리하는데 도움을 받을 수 있습니다. 이를 통해 목회자는 묵상, 상담, 기도, 그리고 창의적인 아이디어 탐구에 더 많은 시간을 할애할 수 있습니다.

1. 설교 준비에 ChatGPT 활용하기

ChatGPT는 설교 준비의 다양한 단계에서 실질적인 지원을 제공합니다. 예를 들어:
• 본문 구조화와 요약: 성경 본문을 체계적으로 분석하고 핵심 메시지를 간결하게 정리합니다.
• 설교 포인트 아이디어 브레인스토밍: 다양한 관점과 적용 지점을 제안하여 설교의 깊이를 더합니다.
• 현실적인 예화 수집 및 요약: 성도들에게 공감대를 형성할 수 있는 예화를 찾고 간결히 정리합니다.
• 서론과 결론 초안 작성: 설교의 흐름을 잡아주는 자연스럽고 매력적인 도입부와 마무리를 제안합니다.

이처럼 ChatGPT는 목회자가 설교의 본질에 집중할 수 있도록 돕는 도구로, 자료 수집과 초기 작성을 간소화하여 창의적이고 영감 넘치는 설교를 완성하는 데 기여합니다.

설교는 예술과 사역이 조화를 이루는 독특한 창작물입니다. ChatGPT의 도움을 받아 자료를 수집하고, 프레임워크를 통해 참신한 예시를 얻음으로 목회자는 더욱 풍성하고 효과적인 설교를 준비할 수 있습니다. 이는 성도들과의 영적 교감을 깊이 있게 이끌어낼 수 있습니다.

결국 ChatGPT는 설교의 영감과 감성을 대체할 수 없지만, 목회자의 시간을 절약하고 창의성을 자극하는 유용한 비서가 되어 줄 수 있습니다. 이를 통해 목회자는 하나님의 말씀을 더욱 생동감 있게 전달하며 성도들의 삶에 깊은 변화를 일으킬 수 있습니다.

ChatGPT는 다음과 같은 방식으로 설교 준비를 돕습니다.
- 본문 분석: 성경 본문을 구조화하고 핵심을 정리
- 아이디어 제안: 설교 포인트를 위한 브레인스토밍
- 예화 수집: 성도들에게 공감가는 예화를 정리
- 초안 작성: 서론과 결론의 흐름을 잡는 초안 제공

ChatGPT를 활용하면 자료 수집과 초기 작업이 간소화되고, 목회자의 시간을 벌어줍니다. 그 시간만큼 목회자는 기도와 충분한 연구와 묵상을 할 수 있습니다.

설교 준비는 보통 다음과 같은 단계로 이루어집니다.

설교 준비에 ChatGPT 활용하기		
단계	내용	ChatGPT의 도움 가능 여부
1단계	본문 선택 및 묵상	아이디어를 얻음으로, 본문 선택의 폭을 넓힐 수 있습니다. 단, 본문의 키포인트와 묵상 포인트는 목회자의 몫입니다.
2단계	본문 분석 및 구조화	본문의 다양한 해석 견해, 요약, 구조를 제안받을 수 있습니다.
3단계	설교문 작성	설교문의 예시 및 설교를 쓰는 프레임워크를 통해 구도를 받아 볼 수 있으나, 직접적인 설교문을 작성하지는 않습니다. 설교는 목회자의 경험과 감정과 해석이 들어가야 하기 때문에 만들어진 설교문은 한계가 있습니다.

ChatGPT가 모든 것을 할 수는 없습니다. 다양한 아이디어를 생각하거나 선택의 폭을 넓히는 것은 정말 잘할 수 있고, 설교 자료 및 견해들을 대신 정리할 수 있습니다. 하지만 설교문은 목회자 개인의 영성과 묵상, 그리고 교회의 상황을 반영해야하기 때문에 ChatGPT로 설교문을 작성할 수는 없습니다. 작성하더라도 결국 쓰지 못합니다. 왜냐하면 목회자 개인이 쓰던 패턴이 아니기 때문에 맞지 않고, 설교의 진행이 매끄럽지 않아 더 힘이 듭니다.

그렇다면 자료 준비를 구체적으로 어떻게 받을 수 있을까요? 저의 경우는 여러 ChatGPTs를 만들어 사용하고 있습니다. 그 안에서 나오는 내용들이 엄청난 설교 자료로서의 가치를 가지고 있습니다.

2. 설교할 때 사용하는 ChatGPTs 소개하기

제가 사용하는 대표적인 ChatGPTs를 소개하면 다음과 같습니다.

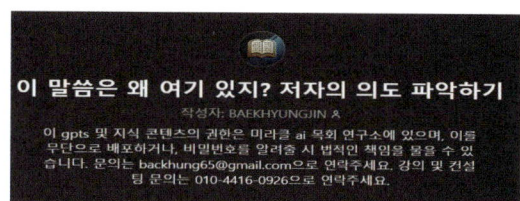

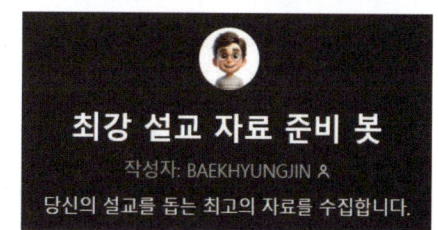

이런 설교를 위한 ChatGPTs를 만들어 활용하면 설교에 있어서 많은 자료 수집을 하는 데 큰 도움을 받을 수 있습니다.

3. 설교 준비를 위한 실전 프롬프트 템플릿

설교 준비에서 ChatGPT를 활용하기 위해서는 "프롬프트"를 어떻게 쓰느냐가 핵심입니다.

다음은 설교 준비를 위한 프롬프트 작성의 기본 틀입니다.

기본 프롬프트 구성 (5요소)

[역할] 당신은 성경 본문 해석과 예화를 도와주는 설교 보조자입니다.
[요청] [본문]의 핵심 주제를 정리하고, 설교 구조(서론-본론-결론)를 제안해 주세요.
[실행지침] 본문은 3포인트 구조, 각 포인트는 실제 적용 중심, 전체 500자 내외
[출력 예시] (선택적으로 보여줄 수 있음)
[제한사항] 신학적으로 민감하거나 논쟁적 해석은 피하고, 보편적 주석 중심으로 작성

---

4. 설교 작성을 위해 프롬프트 템플릿으로 실습하기

예시 1. 본문 분석 및 핵심 주제 요약

[역할] 당신은 설교 준비를 위한 성경 주석 보조자입니다.
[요청] [요한복음 15장 5절("나는 포도나무요 너희는 가지라")]의 핵심 주제와 본문 구조를 정리해 주세요.
[실행지침] 3포인트로 정리하고, 각 포인트에 적용 질문을 하나씩 포함해 주세요.
[제한사항] 신학적 논쟁이 되지 않도록 일반적인 관점에서만 작성합니다.

물론입니다. 아래는 요한복음 15장 5절 _"나는 포도나무요 너희는 가지라 그가 내 안에, 내가 그 안에 거하면 사람이 열매를 많이 맺나니 나를 떠나서는 너희가 아무 것도 할 수 없음이라"_ 의 핵심 주제와 본문 구조를 3포인트로 정리한 내용입니다. 각 포인트마다 실제 적용을 돕는 질문도 포함하였습니다.

■ 핵심 주제: "예수님과의 연결 속에서 열매 맺는 삶"
이 말씀은 신앙인의 본질이 '그리스도 안에 거함'에 있다는 점을 강조하며,
그분과의 관계가 신앙과 삶의 모든 열매의 출발점임을 밝히고 있습니다.

■ [본문 구조와 적용]

1. 정체성의 선언: "나는 포도나무요 너희는 가지라"
예수님은 자신과 제자들의 관계를 '포도나무와 가지'로 비유하심으로써,
제자들이 생명과 열매의 근원이 아니라, 연결되어 있어야 할 존재임을 말씀하십니다.
> 적용 질문: 나는 지금 예수님과 '붙어 있는 삶'을 살고 있는가, 아니면 스스로 열매를 내보려 애쓰고 있는가?

2. 관계의 본질: "그가 내 안에, 내가 그 안에 거하면"
여기서 '거함'은 단순한 머무름이 아니라, 지속적이고 인격적인 교제를 의미합니다.
예수님과의 관계는 일시적인 감정이 아니라, 삶 전체에 영향을 미치는 동행입니다.
> 적용 질문: 나는 일상 속에서 어떻게 예수님과 인격적인 교제를 이어가고 있는가?

3. 열매의 원리: "사람이 열매를 많이 맺나니… 아무 것도 할 수 없음이라"
열매는 우리의 노력이 아니라 그리스도와의 연결의 결과입니다.
예수님을 떠난 노력은 공허하지만, 그분 안에 거하면 반드시 열매를 맺습니다.
> 적용 질문: 지금 내 삶에 맺히고 있는 열매는 그리스도와 연결된 결과인가, 아니면 내 열심의 산물인가?

필요하시면 이 내용을 설교 개요나 소그룹 나눔 자료로도 구성해드릴 수 있습니다. 추가로 도와드릴까요?

예시 2. 설교 예화 생성 요청

> [역할] 당신은 성도들이 쉽게 공감할 수 있는 예화를 작성하는 설교 작가입니다.
> [요청] '믿음의 기다림'이라는 주제로 직장인 성도를 위한 예화를 작성해주세요.
> [실행지침] 400자 이내, 현실적인 상황, 적용 메시지 포함
> [제한사항] 비현실적인 전개나 감정 과잉은 금지

물론입니다. 아래는 '믿음의 기다림'을 주제로 한, 직장인 성도를 위한 현실적인 예화입니다.

예화 – 믿음의 기다림 속에 준비된 시간
윤 형제는 이직을 위해 1년 넘게 기도하며 기다렸지만, 번번이 결과는 불합격이었다. 어느 날, 평소보다 작은 기업에서 면접 제안이 왔고, 고민 끝에 응했다. 막상 가보니 회사는 작았지만 분위기와 업무가 딱 맞았다. 나중에 그는 이렇게 고백했다. "기다림은 낭비가 아니라, 내가 준비되는 시간이었어요."

> 적용 메시지: 믿음의 기다림은 단순한 인내가 아니라, 하나님이 일하시는 시간입니다. 지금도 하나님은 가장 좋은 때를 준비하고 계십니다.

예시 3. 설교문 초안 작성

> [역할] 당신은 설교 초안을 작성하는 보조 설교자입니다.
> [요청] [마태복음 6장 33절을 본문으로] ['하나님의 우선순위']라는 주제의 설교 구조와 짧은 설교 초안을 작성해주세요.
> [실행지침] 서론본론(3포인트)결론 구조, 전체 1500자 이내, 적용 중심
> [제한사항] 추상적인 표현 대신 현실적인 신앙 실천 강조

물론입니다. 아래는 마태복음 6장 33절을 본문으로 한 설교 구조와 초안입니다.

주제는 "하나님의 우선순위", 구조는 요청하신 대로 서론본론(3포인트)결론, 총 1500자 이내로, 현실적인 신앙 실천 중심으로 작성했습니다.

■ 본문:
"너희는 먼저 그의 나라와 그의 의를 구하라 그리하면 이 모든 것을 너희에게 더하시리라" (마태복음 6:33)

■ 설교 주제: 하나님의 우선순위

1. 서론 – 바쁜 일상 속, '무엇을 먼저' 두고 사는가?

우리의 하루는 해야 할 일로 가득합니다. 직장, 가정, 자녀 교육, 건강 관리까지. 대부분은 '급한 것'에 쫓기며 살죠. 그런데 예수님은 마태복음 6장에서 우리가 염려하지 말아야 할 것을 말씀하신 뒤, 이렇게 명령하십니다.
"너희는 먼저 그의 나라와 그의 의를 구하라."
예수님이 말씀하신 이 '먼저'는 단순한 순서가 아니라, 삶의 방향과 중심에 대한 초대입니다.

2. 본론 – 하나님의 우선순위를 따른다는 것은?

1) '하나님의 나라'를 삶의 기준으로 삼는 것
하나님의 나라를 먼저 구한다는 것은, 매일의 결정과 행동 속에서 하나님이 기뻐하시는 방향을 선택하는 삶입니다.
예: 직장에서 이익보다 정직을 선택할 때, 경쟁보다 협력을 택할 때.
> 적용 질문: 나는 지금 내 자리에서 어떤 선택을 통해 하나님의 통치를 드러내고 있는가?

2) '그의 의'를 나의 성품으로 삼는 것
'의'는 단순한 도덕이 아니라, 하나님과 바른 관계를 의미합니다.
우리 삶의 말과 행동 속에 하나님의 성품(진실함, 자비, 정직)이 드러날 때, 우리는 그분의 의를 살아내는 것입니다.
> 적용 질문: 오늘 내 말과 태도에 '하나님다움'이 담겨 있었는가?

3) '먼저' 구하는 삶의 리듬을 회복하는 것
예수님은 우선순위를 강조하셨습니다.

우리는 하루를 시작하며 하나님을 먼저 찾는 시간, 주일을 '한 주의 시작'으로 삼아 예배로 여는 리듬 속에서 삶의 중심을 세울 수 있습니다.
> 적용 질문: 나는 하나님을 '먼저' 찾는 리듬을 일상속에서 어떻게 회복하고 있는가?

3. 결론 – '먼저'라는 선택이 만들어 가는 삶의 질서

하나님은 우리에게 무조건 많은 것을 요구하지 않으십니다.
단 하나, "먼저" 구하라고 하십니다.
그 우선순위가 바로잡힐 때, 하나님은 우리의 필요를 채우시고, 삶의 질서를 회복시키십니다. 무엇보다도 중요한 것을 먼저 구하는 믿음, 그 선택을 오늘 다시 시작해보길 축복합니다.

필요하시면 이 구조를 소그룹 교재나 영상 콘텐츠용으로도 변환해드릴 수 있습니다. 추가 요청 있으신가요?

5. 설교를 프롬프트 템플릿으로 연습하기

STEP 1: 이번 주 설교 본문을 정합니다.
예: 시편 121편

STEP 2: 원하는 작업을 명확히 정의합니다.
예: 예화 초안 / 구조 잡기 / 결론 요약

STEP 3: 프롬프트 템플릿에 맞춰 입력하고, 결과물을 검토합니다.
필요시 문체, 어조, 강조점을 수정하여 사용

설교는 언제나 공동 작업입니다.
- 말씀은 하나님이 주시고,
- 묵상은 목회자가 하고,
- 적용은 공동체가 함께 하며,

이제 구성과 정리는 ChatGPT가 돕는 시대가 왔습니다.

설교의 질을 올리는 가장 좋은 방법은 양질의 자료를 정리하는 일일 것입니다. 그 자료의 질이 설교의 질이 되기도 합니다. 그리고 두 번째로 설교문의 흐름을 구성하는 것입니다. 문제제기부터 공감을 하고, 솔루션을 제시하는 글의 흐름을 구성하는 문제를 ChatGPT가 도움을 줄 수 있습니다.

ChatGPT를 활용하면 더 좋은 설교를 만들 수 있습니다. 우리가 하나를 건지기 위해 비싼 세미나를 가듯이, 설교 때마다 하나의 포인트를 얻을 수 있다면 어떨까요? 이런 의미에서 우리가 ChatGPT를 써야 할 이유가 충분하다고 생각합니다.

ChatGPT는 설교의 질을 떨어뜨리는 도구가 아닙니다. 오히려 목회자가 더 깊이 묵상할 시간을 벌어주는 동역자로, 진정한 비서로 사용하는 것은 어떨까요?

ChatGPT를 통해 설교를 준비하는 것이 가능할까? YES!!

- 사용할 수 있는 영역 > 본문 요약, 설교 구조, 예화, 초안 작성 등
- 주의해야 할 영역 > 신학적 판단, 성도 적용, 공동체 상황 이해는 ChatGPT 불가능
- 프롬프트 전략 > 역할–요청–실행지침–제한사항 구조로 설계
- 최종 작업 > ChatGPT 출력물은 반드시 목회자가 검토하고 기도로 수정

CHAPTER 4

심방·상담에 활용하기

제4장
심방과 상담에 ChatGPT 활용하기

목회는 '말의 사역'입니다. 설교에서만 말이 중요한 게 아니라 성도의 삶을 어루만지는 모든 순간에 말은 성도를 위로하고 기도하며 복음을 전하는 데 큰 영향력을 끼치고 있습니다.

특히 심방과 상담의 자리에서 목회자의 말은 "하나님이 살아계시다"는 믿음을 일깨우는 은혜의 통로가 됩니다. 그러나 어떤 때는 말이 쉽게 나오지 않을 때가 있습니다.

• 상을 당한 집사님에게 뭐라고 위로해야 할지 막막하고,
• 자녀 문제로 눈물짓는 권사님에게 어떤 말을 해야 덜 상처받을 지 걱정되고,
• 갑작스레 삶의 의욕을 잃은 청년에게 신앙적으로 건넬 수 있는 말이 떠오르지 않을 때

우리는 그 자리에 있으면서도, 때로 '침묵' 혹은 '일반적인 문장'으로 그 자리를 채웁니다. 물론 그것만으로도 충분한 경우가 있습니다. 그러나 매주, 매일 이 일을 반복해야 하는 목회자에게 '말의 고갈'은 현실적인 문제입니다.

어떤 목회자의 고민, "말이 안 나옵니다"
전북 완주의 한 교회에서 목회 중인 A 목사님의 이야기입니다.

그는 15년째 성실히 주일 설교를 이어오고 있지만, 정작 심방이나 문자, 전화 통화로 전해야 할 말을 찾는 일은 갈수록 더 어려워진다고 고백합니다. 문자 한 통을 보내는 데도 20분 이상 걸릴 때가 있습니다. '기도합니다'라고만 쓰기엔 너무 짧고, 그렇다고 한참 써 내려가다 보면 '이건 너무 길고 무겁다'는 생각이 든다고 합니다.

A 목사님은 위로와 격려의 말은 마음속에 가득하지만, 막상 글로는 잘 나오지 않는다고 털어놓습니다.

이것이 바로 오늘날 많은 목회자들이 겪는 현실입니다.

특히 반복적인 어려움에 빠진 성도나 큰 병의 재발로 인하여 고통을 당하는 성도들에게는 어떤 말을 해야 할지 망막해집니다. 또한 사업이 망하거나 실직을 했을 때에도 어떤 말을 전해야 할지 정말 모르겠는 상황들이 있습니다. 이외에도 목회자가 심리적, 육체적, 영적으로 어려움에 있을 때 말이 나오지 않습니다.

우리는 말로 '목양'하지만, ChatGPT는 말을 '지원'합니다.

이 장에서는 ChatGPT를 활용하여 심방 메시지, 상담용 문자, 공감이 담긴 기도문을 실제로 어떻게 작성할 수 있는지 살펴보고자 합니다. 그러나 본격적인 활용에 앞서, 반드시 명확히 해야 할 전제가 하나 있습니다.

ChatGPT는 '적절한 말의 형식'을 제안해 줄 수 있지만, 그 말에 '생명'을 불어넣는 것은 목회자의 몫입니다. 따라서 우리는 ChatGPT가 만들어낸 문장을 그대로 복사해서 사용하지 말고 참고하면 말이 풍성해지고 유익하게 사용할 수 있습니다. 기도하며, 말씀을 묵상하며, 성도 한 사람 한 사람을 떠올리며, ChatGPT가 제안한 문장을 고치고, 다듬고, 때로는 전혀 다른 방향으로 재구성하는 일이 필요합니다.

ChatGPT는 목회자의 창조적 판단을 돕는 보조자이며, 설교자와 상담자의 자리를 대신하는 결정권자가 아닙니다. 다시 말해, ChatGPT는 '준비된 사역자'의 손에 쥐어진 도구일 뿐, '준비되지 않은 사람'에게는 아무 유익도 줄 수 없습니다.

그러므로 "ChatGPT가 무엇을 해줄 수 있느냐"보다 "목회자인 내가 무엇을 분별하고 선택하느냐"가 더 중요한 질문입니다.

1. ChatGPT로 심방 메시지 작성하기

ChatGPT는 문장을 구조화하는 데 뛰어난 장점이 있습니다.
그리고 반복적인 상황에서 다양한 어조와 표현으로 문장을 변주하는 능력도 탁월합니다.

예를 들어 같은 메시지를 다음과 같이 다양화할 수 있습니다.

상황	표현 1	표현 2
병중인 성도	"하나님께서 회복의 은혜를 허락하시길 기도합니다."	"주님의 치유하시는 손이 오늘도 함께하시길 소망합니다."
상을 당한 성도	"주님의 위로하심이 슬픔을 덮으시기를."	"고인의 삶을 통해 하나님이 역사하셨음을 기억합니다."

이처럼 목회자는 ChatGPT를 활용하여 말의 레퍼토리를 넓힐 수 있습니다.

익숙한 표현에 머무르지 않고, 다양한 어휘와 문장 구조를 시도함으로써 메시지의 폭과 깊이를 확장할 수 있습니다. 때로는 감정이 섬세하게 담긴 위로의 말을 찾고 싶을 때, 또 어떤 때는 성도에게 전할 짧고 명확한 문장을 정리하고 싶을 때, ChatGPT는 좋은 출발점이 되어줍니다.

물론 그 출발점은 어디까지나 '초안'일 뿐입니다. 목회자는 그것을 바탕으로 자신만의 언어로 바꾸어 가야 합니다. ChatGPT가 만들어주는 표현 속에 담긴 핵심을 붙잡고, 거기에 기도의 마음을 얹고, 현장의 감각을 더하며, 말씀의 권위를 입히는 작업은 목회자 자신에게 맡겨진 고유한 사명입니다.

이 과정에서 우리는 단지 말의 양을 늘리는 것이 아니라 더 깊고, 더 공감 어린, 더 분별 있는 목양을 위한 언어를 만들 수 있습니다. 그리고 이것이야말로 ChatGPT를 목회 도구로 사용할 때 누릴 수 있는 가장 큰 유익 중 하나입니다.

2. 심방과 상담을 위한 실전 프롬프트 템플릿

다음은 실제 목회 현장에서 사용 가능한 심방·상담용 메시지 작성 프롬프트 템플릿입니다.

프롬프트 구성 5요소

> [역할] 당신은 공감적이고 따뜻한 목회를 실천하는 목회자입니다.
> [요청] 성도의 상황을 바탕으로 짧은 위로 메시지를 작성해 주세요.
> [실행지침] 메시지는 200자 이내, 기도와 위로가 함께 담기도록 작성합니다.
> [출력 예시] (예시 문장 없이, 목회자가 직접 결정할 수 있도록)
> [제한사항] 추상적인 언어, 신학적으로 모호하거나 민감한 표현은 배제합니다.

다음은 실제 목회자가 사용하는 다양한 심방 및 상담 상황을 반영한 상황형 프롬프트 예시입니다. 모든 항목은 "빈칸" 형태로 제시되며, 필요에 따라 입력만 하면 바로 사용할 수 있습니다.

예시 1. 질병 중인 성도를 위한 심방 메시지

> [역할] 당신은 환우를 위한 심방 메시지를 쓰는 목회자입니다.
> [요청] 다음 성도에게 보낼 위로 메시지를 작성해 주세요.
> 성도: (김지은   )
> 상황: (항암치료 중   )
> [실행지침] 메시지는 200자 이내, 회복과 위로의 내용을 포함해 주세요.
> [제한사항] 두려움을 조장하거나 무책임한 확신은 피합니다.
>
> <예시>
> 성도의 상태: (예: 수술을 앞둔 상태, 항암 치료 중 등)
> 성도의 이름 또는 직분: (예: 박 권사님)
> 격려의 핵심 메시지: (예: 하나님은 치료의 주 되심)

감사합니다. 다음 두 가지를 알려주시면 바로 위로 메시지를 작성해드리겠습니다:

1. 성도 이름 (예: 김지은 성도)
2. 상황 (예: 수술 후 회복 중 / 항암 치료 중 / 병원 입원 중 등)

이런 식으로 알려주시면 됩니다. 기다리고 있겠습니다.

김지은 성도님께
지은 성도님, 주님의 눈길은 언제나 당신과 함께하고 있습니다.
치료의 모든 시간 위에 하나님의 평안과 회복의 손길이 함께하길 기도드립니다.
힘든 날에도 주님은 결코 당신을 놓지 않으십니다.

다른 표현이나 톤이 필요하시면 말씀해 주세요. 카드나 문자용으로도 맞춤 제작해 드릴 수 있습니다.

예시 2. 사랑하는 가족을 잃은 성도를 위한 위로 메시지

[역할] 당신은 슬픔을 겪는 성도를 위로하는 목회자입니다.
[요청] 장례를 치른 성도에게 짧은 위로 메시지를 작성해 주세요.
 성도: (   )
 상황: (   )
[실행지침] 250자 이내로, 공감과 천국 소망을 담아주세요.
[제한사항] "다 괜찮아질 거예요" 같은 모호한 표현은 피합니다.

<예시>
관계: (예: 남편, 어머니, 자녀 등)
성도의 상태: (예: 충격과 깊은 슬픔)
강조할 메시지: (예: 천국 소망, 하나님의 함께하심)

물론입니다. 아래는 다음 조건을 반영하여 작성한 장례 후 위로 메시지 예시 4가지입니다.

관계: 어머니
성도의 상태: 충격과 깊은 슬픔
강조할 메시지: 천국 소망, 하나님의 함께하심
길이: 250자 이내
표현: 공감과 진심, 모호한 위로는 지양

• 예시 1
이민수 성도님, 어머니를 떠나보낸 슬픔 속에 계신 마음을 주님이 아십니다.
하나님은 눈물 속에서도 가까이 계시며, 어머니는 주님 품 안에서 평안히 쉬고 계십니다.
천국의 소망이 이 시간을 이겨낼 힘이 되길 기도드립니다.

• 예시 2
슬픔에 잠긴 이민수 성도님, 사랑하는 어머니와의 이별은 결코 쉽게 견딜 수 없는 아픔입니다. 그러나 주님은 그 슬픔 가운데 함께 우시며, 영원한 위로로 곁에 계십니다. 하늘 소망이 마음을 붙잡아 주시길 바랍니다.

• 예시 3
이민수 성도님, 사랑하는 어머니를 뵐 수 없는 오늘이 얼마나 아프실지 감히 다 헤아릴 수 없습니다. 그러나 영원한 생명을 주신 하나님께서 이별 너머의 만남을 준비하고 계심을 기억하시길 바랍니다.

• 예시 4
성도님, 깊은 슬픔 속에도 하나님은 멀리 계시지 않습니다.
어머니는 주님 품에 안기셨고, 그 사랑은 여전히 성도님의 삶을 감싸고 있습니다.
슬픔 중에도 하늘의 위로가 매일 함께하길 기도합니다.

필요하시면 관계나 상황에 맞게 더 조정해드릴 수 있습니다. 언제든 요청 주세요.

예시 3. 자녀 문제로 고민하는 부모를 위한 상담 메시지

[역할] 당신은 부모의 고통에 공감하며 위로하는 목회자입니다.
[요청] 다음 상황에 있는 성도에게 상담 메시지를 작성해 주세요.
  성도: (   )
  자녀 상황: (   )
[실행지침] 250자 이내로, 기도와 기다림, 희망을 담아 작성해주세요.
[제한사항] 자녀를 판단하거나 정죄하는 표현은 금지합니다.

<예시>
자녀의 상태: (예: 신앙 이탈, 학교 문제, 우울 등)
부모 성도: (예: 이 집사님)
강조할 메시지: (예: 부모의 기도, 하나님의 기다리심)

물론입니다. 아래에 요청하신 형식에 맞춰 메시지 예시 3가지를 작성해 드리겠습니다. 상황에 맞게 수정하셔도 좋습니다.

• 메시지 예시 1
이 집사님, 자녀를 향한 집사님의 눈물의 기도는 하늘에 닿아 있습니다.
하나님은 지금도 그 아이를 결코 놓지 않으시고 기다리십니다.
기도는 결코 헛되지 않으며, 사랑은 반드시 열매 맺습니다.
지치지 마시고, 함께 믿음으로 기다리겠습니다.

• 메시지 예시 2
이 집사님, 지금은 자녀가 멀어진 것처럼 보여도
하나님은 여전히 그의 삶 깊은 곳에서 역사하고 계십니다.
기도는 가장 먼 길도 돌아오게 하는 은혜의 다리입니다.
조급함 대신 믿음으로 기다리는 오늘이 축복입니다.

• 메시지 예시 3
이 집사님, 마음이 찢어질 듯 아프시지요.
하지만 주님은 그 자녀보다 더 가까이, 더 깊이 함께하고 계십니다.
부모의 기도는 결코 무력하지 않습니다.
소망을 놓지 마시고, 오늘도 기도로 동행해 주세요.

필요하신 상황을 구체적으로 알려주시면, 그에 맞춰 더 정교한 메시지도 작성해드릴 수 있습니다. 원하시면 다른 톤(더 따뜻하게, 더 단호하게 등)으로도 조정 가능합니다.

심방과 상담을 위한 프롬프트 템플릿으로 연습하기

STEP 1: 성도의 상황을 떠올린다.

예: 항암치료 중인 김 권사님

STEP 2: 마음속에서 떠오르는 위로의 핵심을 생각한다.

예: "하나님은 결코 우리를 홀로 두지 않으십니다."

STEP 3: 프롬프트에 넣어 메시지를 생성하고, 수정한다.

실제 메시지를 보고, 기도하며 수정

꼭 기억할 것: 프롬프트보다 중요한 건 '기도'입니다.

ChatGPT는 문장을 씁니다. 하지만 목회자는 사람을 생각하며, 마음으로 글을 씁니다. ChatGPT가 만들어내는 문장은 논리적으로 매끄럽고 어휘도 풍부할 수 있지만, 그 문장에는 눈물 한 방울, 기도 한 줄, 기다림의 시간이 담겨 있지 않습니다.

우리가 사용하는 프롬프트는 단지 도구일 뿐입니다. ChatGPT가 제공하는 '말이 되는 메시지'는 출발점이지, 도착점이 아닙니다. 목회자는 그 초안을 가만히 들여다보며, 성도의 형편을 떠올리고, 공동체의 상황을 고려하며, 그 문장을 '사람에게 전하는 말씀'으로 다시 태어나게 하는 존재입니다.

ChatGPT가 아무리 정제된 문장을 만들어낸다 해도, 그것은 결코 완성된 메시지가 될 수 없습니다. 그 문장을 참된 목회자의 메시지로 바꾸는 힘은 하나님 앞에서의 기도, 성도를 향한 사랑, 공동체의 아픔을 품는 연민에서 나옵니다.

또한 ChatGPT는 내용을 정리하지만, 마음을 담는 것은 목회자입니다. 그리고 바로 그 순간, 문장은 멈춰 있는 활자가 아니라, 살아 있는 말씀이 되어 누군가의 마음에 다가갑니다. 그렇기에 ChatGPT를 철저히 도구로, 비서로 사용하여서 우리 목회자들의 사역이 더 편해지고 넓어지기를 소망합니다.

CHAPTER 5

행정 업무에 활용하기

제5장
행정 업무에 ChatGPT 활용하기

바쁘고 분주한 한 주간. 주일 설교는 끝났고 심방 일정도 소화했습니다. 그런데 남아있는 일이 있습니다.

- 수요예배 순서지를 만들어야 하고,
- 당회 회의록도 정리해야 하고,
- 월간 사역 보고서 제출도 준비해야 합니다.
- 교회 행사 안내문도 작성해야 합니다.

개척교회나 작은 교회라고 한다면 목회자가 해야 할 일이 정말 많다는 걸 잘 이해하고 있을 것입니다. 설교, 심방, 교육, 행정까지 책임져야 하는 현실속에서 때때로 깊은 자괴감을 경험합니다. 설교는 준비해야 하는데 행정은 쌓여 있고, 행사는 도저히 진행할 여유가 없다는 무력감 속에 빠지기 쉽습니다. 이는 단지 개인적인 좌절감에 그치지 않습니다. "왜 우리 교회는 아무것도 하지 않느냐"는 성도들의 기대와 불만 앞에서 목회자는 그 답을 홀로 짊어져야 합니다. 그러나 교회를 돌본다는 것은 단순히 영적인 돌봄에만 국한되지 않습니다.

문서와 자료를 정리하고, 행정과 기록을 체계화하는 것 역시 목회의 중요한 한 부분입니다. 정돈된 사무는 곧 정돈된 사역으로 이어집니다. 행정이 바로 설교와 목회, 공동체 돌봄의 기반이 되는 것입니다. 정말 이 부분이 ChatGPT의 도움을 받아야 하는 부분임은 분명합니다.

이 장은 목회자가 ChatGPT를 활용해 어떻게 회의록, 보고서, 주보와 같은 반복되고 시간이 필요한 업무를 정확하고 빠르게 처리하면서 본질적인 목회에 더 집중할 수 있을지 안내합니다.

왜 목회자는 문서 작업에 시간을 뺏기는가?

목회 행정의 대부분은 이런 작업들입니다.

- 기록: 회의 내용을 회의록으로 정리
- 요약: 회의·사역·설명 자료를 간단하게 보고서로 구성
- 전달: 행사나 소식을 성도들에게 명확히 안내(주보, 문자 등)

이 작업들이 어려운 이유는 단순히 시간 때문이 아닙니다. 구어체를 문어체로 바꿔야 하고, 회의한 내용을 요약해서 구조로 표현해야 하고, 동시에 매끄러운 표현으로 문장을 다듬는 작업이 요구되기 때문입니다. 그런데 ChatGPT는 이러한 작업을 매우 빠르고 정확하게 처리해 줍니다.

바울은 디도에게 "모든 일을 정돈되게 하라"(딛 1:5)고 단호히 명령했습니다. 여기서 사용된 '정돈하다'(epidiorthoo)는 뜻은 단순히 물건을 정리하거나 어수선한 것을 치우는 행위를 뜻하지 않습니다. 이 단어는 '제자리에 놓다'라는 의미로, 모든 것을 하나님의 뜻과 질서에 맞게 바로 세우는 깊은 의미를 품고 있습니다. 목회 사역의 행정이 이러한 역할을 합니다. 이는 교회가 흔들림 없이 그 본질을 지키며, 하나님이 원하시는 공동체로 기능하도록 만드는 사역을 가리킵니다.

우리가 흔히 접하는 문서 작업—회의록, 주보, 보고서, 심지어 문자 메시지 하나까지—이 '정돈'에 속합니다. 이러한 일들은 교회의 일상을 체계적으로 유지하고, 성도들이 하나님의 말씀과 사명에 집중할 수 있도록 돕는 토대입니다. 주보는 예배의 흐름을 안내하고, 회의록은 공동체의 결정을 기록하며, 보고서는 사역의 열매를 정리합니다. 심지어 짧은 문자 메시지조차 성도 간의 소통을 이어주는 다리 역할을 합니다. 이 모든 것은 하나님이 원하시는 자리에 성도들과 사역들을 '제자리에 놓는' 소중한 행위입니다.

그러므로 문서 행정은 결코 '말씀 사역보다 덜 중요한' 일이 아닙니다. 오히려 말씀을 선포하고 실천하는 사역을 뒷받침하는 필수적인 동반자입니다. 말씀 사역이 교회의 영적 심장이라면, 문서 행정은 그 심장이 힘차게 뛸 수 있도록 혈관을 정비하는 일입니다. 이 둘은 서로 분리될 수 없으며, 함께 하나님의 나라를 세워갑니다.

오늘날 우리는 ChatGPT와 같은 도구를 통해 이 사역을 더욱 효율적으로 수행할 수 있습니다. 이러한 기술은 단순히 시간을 절약해 주는 것을 넘어서 덜 본질적인 작업을 위임함으로써 우리가 더 깊은 사역에 집중할 수 있도록 돕습니다. 문서 행정을 자동화하거나 체계화하는 것은 게으름이나 타협이 아니라 하나님께 더 큰 영광을 돌리기 위한 지혜로운 선택입니다. 이 일을 소홀히 여기지 않고 충실히 감당할 때, 우리는 바울의 당부처럼 교회를 '제자리에' 놓는 참된 동역자가 될 것입니다.

1. ChatGPT가 도와주는 목회 행정의 세 가지 역할

1) 목회자 대신 회의록 초안 작성 및 요약하기

회의는 하는 것보다 정리하는 게 더 힘들다는 말이 있습니다. 특히 회의 내용을 다 받아 적지 못했거나 너무 길어서 녹음으로 남긴 경우라면 더욱 그렇습니다. ChatGPT는 다음과 같은 방식으로 회의록 초안을 빠르게 작성할 수 있습니다.

회의록 작성용 프롬프트 템플

[역할] 당신은 교회 회의 내용을 간결하고 정확하게 요약하는 회의록 정리자입니다.
[요청] 아래 내용을 바탕으로 회의록 초안을 작성해 주세요.
회의명: (   )
날짜/시간: (   )
참석자: (   )
주요 논의 내용: (1) ~ (n)
[실행지침] 요점 위주로 항목화하여 400자 내외로 작성
[제한사항] 대화체나 감정적 표현은 생략하고 공식 문서 형식만 사용

◆ 실제 출력 예시

2025년 4월 10일 교육부 회의록
참석자: 교육부장, 교사 5명
주요 결정사항:
① 여름성경학교 일정 7월 18~20일 확정
② 성경학교 예산 100만원 편성 요청
③ 학부모 대상 사전설명회 7월 7일 주일 오후 2시
④ 교사 훈련 일정은 6월 마지막 주로 정함

> **회의록 초안**
>
> 회의명: 교육부 회의
> 날짜/시간: 2025년 4월 10일
> 참석자: 교육부장, 교사 5명
>
> 주요 논의 및 결정 사항:
> 1. 여름성경학교 일정을 7월 18일(목)부터 20일(토)까지로 확정함.
> 2. 성경학교 운영을 위한 예산으로 100만원 편성 요청하기로 함.
> 3. 학부모 대상 사전설명회를 7월 7일(주일) 오후 2시에 실시하기로 함.
> 4. 교사 훈련은 6월 마지막 주에 진행하기로 결정함.

이처럼 프롬프트만 입력하면 ChatGPT가 회의 내용을 깔끔하게 문서의 형식으로 처리해 줍니다.

2) 목회자 대신 주보 작성 및 요약하기

매주 돌아오는 주보, 안내문, 행사 일정 공지 정해진 양식 안에서 반복적인 문장을 구성해야 하는 이 작업은 목회자의 창의성을 고갈시키는 요소입니다. ChatGPT는 일정과 핵심 정보를 입력하면 주보에 들어갈 문장, 제목, 순서지 안내 등을 자동으로 작성해 줍니다.

주보 공지용 프롬프트 템플릿

> [역할] 당신은 교회 주보 공지문을 정리하는 행정 보조자입니다.
> [요청] 아래 행사 내용을 바탕으로 주보에 실릴 안내문을 작성해 주세요.
> 　행사명: (　　)
> 　일시: (　　)
> 　장소: (　　)
> 　안내사항: (1) ~ (n)
> [실행지침] 따뜻하고 정중한 어조로 200자 내외로 5가지 작성
> [제한사항] 지나치게 딱딱한 문체나 과장된 표현은 피합니다.
>
> ◆ **실제 출력 예시**
> > "어버이 주일 안내
> > 5월 12일(주일)은 어버이 주일입니다.
> > 예배 후 어르신들께 카네이션을 달아드리고
> > 교회에서 작은 선물을 준비했습니다.
> > 성도님들의 따뜻한 기도와 축복을 부탁드립니다."

다음은 어버이 주일 주보 공지문을 위한 5가지 버전입니다. 모두 따뜻하고 정중한 어조로, 200자 내외로 작성되었습니다.

①
5월 12일(주일)은 어버이 주일입니다.
예배 후 어르신들께 감사의 마음을 담아
카네이션과 작은 선물을 드릴 예정입니다.
기도와 축복으로 함께해 주시기 바랍니다.

②
어버이 주일을 맞아 5월 12일 주일예배 후,
어르신들께 감사의 꽃과 마음을 전합니다.
늘 사랑으로 섬겨주신 손길에 깊이 감사드리며,
성도님의 기도와 축복을 함께 나눠 주세요.

③
5월 12일은 어버이 주일입니다.
예배 후, 어르신들께 카네이션을 달아드리고
작은 선물도 전해 드립니다.
존경과 사랑의 마음으로 함께해 주세요.

④
다가오는 어버이 주일(5월 12일),
주일예배 후 어르신들께 감사 인사를 드립니다.
교회에서 정성껏 준비한 선물과 함께
기도의 마음을 함께 모아주시길 바랍니다.

⑤
5월 12일 주일은 어버이 주일입니다.
예배 후, 어르신들을 위한 꽃과 선물을 나눕니다.
한평생 사랑으로 걸어오신 분들께
진심 어린 기도로 함께해 주세요.

필요에 따라 문체 조정이나 디자인 반영도 도와드릴 수 있습니다.

3) 목회자 대신 보고서 작성 및 요약하기

사역 보고서, 선교 보고서, 연간 교회 계획안… 등. 내용은 많고 정리는 어렵습니다.
ChatGPT는 긴 내용을 요약하고 요점만 정리해 주는 데 탁월합니다.

요약/보고서 작성 프롬프트 템플릿

[역할] 당신은 긴 텍스트를 요약하고 핵심을 추출하는 행정 요약 전문가입니다.
[요청] 아래 내용을 간결하게 요약하여 보고서 형식으로 작성해 주세요.
 보고 대상: (   )
 자료 내용: (붙여넣기)
[실행지침] 전체 내용 요약 → 핵심 항목 3~5개로 구분하여 정리
[제한사항] 불필요한 수사나 장황한 표현은 금지

◆ 실제 출력 예시
> 2025 봄철 노방전도 보고서 요약
> 1. 기간: 3월 10일~4월 7일 (총 5주간)
> 2. 장소: 교회 인근 시장, 주택가, 공원 등
> 3. 참여 인원: 평균 15명/주
> 4. 나눔 물품: 전도지, 물티슈, 커피 200개
> 5. 열매: 4가정 등록, 성도들 간 협력 강화, 청년부 자발적 참여 증가

보고서 제목: 2025 봄철 노방전도 활동 요약 보고서
보고 대상: (작성자 입력)

전체 요약
2024년 봄철 노방전도는 3월 10일부터 4월 7일까지 5주간 진행되었으며, 교회 인근 지역에서 주 15명 정도가 참여해 전도지와 물품을 나누었습니다. 그 결과, 새가정 등록과 부서 간 협력, 청년부의 자발적 참여라는 열매가 나타났습니다.

핵심 항목 요약
1. 기간 및 장소
    3월 10일~4월 7일(5주간)
    교회 주변 시장, 주택가, 공원 등에서 진행
2. 참여 현황
    주당 평균 15명 참여
    청년부의 자발적 참여 증가
3. 전도 활동 내용
    전도지, 물티슈, 커피 등 총 200개 물품 배포
4. 결과 및 열매
    4가정 교회 등록
    성도 간 협력 강화

필요시 주간별 세부자료도 별도 정리 가능합니다.

2. 행정 업무를 위한 실전 프롬프트 템플릿 연습하기

STEP 1: 텍스트의 용도와 종류를 파악하라
예: 회의록 / 보고서 / 행사 공지

STEP 2: 필요한 내용만 정리해서 입력하라
예: 참석자, 날짜, 결정사항, 행사명 등

STEP 3: 프롬프트를 입력하고 결과를 검토하라
맞춤법, 문체, 어조를 점검

필요한 경우 구절을 추가하거나 수정

저장하고 다음에 재사용 가능

- 회의록 > 간단한 회의 내용 정리를 자동화, 항목화된 요약 가능
- 주보 안내 > 행사명, 날짜만 입력하면 감성적 문장으로 정리 가능
- 보고서 > 긴 내용 요약 및 포인트 정리 가능
- 유의사항 > 공식 문서는 반드시 목회자가 검토하고 수정 후 사용

… CHAPTER 6

전도·양육, 소그룹에
활용하기

제6장
전도, 양육, 소그룹에 ChatGPT 활용하기

"전도가 잘 안돼요." "소그룹 교재 준비가 너무 벅차요."

이 한숨 섞인 목소리는 몇몇 교회의 하소연이 아닙니다. 오늘날 전 세계 교회들이 마주한 공통된 고민입니다. 전도는 갈수록 어렵고, 양육은 점점 더 많은 시간과 에너지를 요구합니다. 목회자와 사역자들은 날마다 벽 앞에 선 듯한 무력감을 느낍니다.

교회가 직면한 도전

코로나 이후 교회는 새로운 현실에 적응해야 했습니다.

- 초청형 전도의 한계: 사람들을 교회로 초대하는 방식이 예전처럼 효과적이지 않습니다.
- 온·오프라인의 복잡성: 성도들이 온라인과 오프라인을 오가며 참여하면서 소통과 관리가 어려워졌습니다.
- 높아진 콘텐츠 기대치: 성도들은 더 깊고 매력적인 교육 자료를 원합니다.
- 소그룹 리더의 부담: 제한된 시간 속에서 양질의 교재와 대화를 준비해야 하는 압박이 커졌습니다.

교회 참여를 개선하기 위해
어떻게 문제를 해결할 것인가?

초청형 전도 재평가
초청형 전도의 효과를 높이기 위해 새로운 전략을 개발합니다.

온라인 및 오프라인 통합
온라인과 오프라인 참여를 원활하게 통합하여 소통을 강화합니다.

콘텐츠 품질 향상
성도들의 기대에 부응하기 위해 더 깊고 매력적인 교육 자료를 제공합니다.

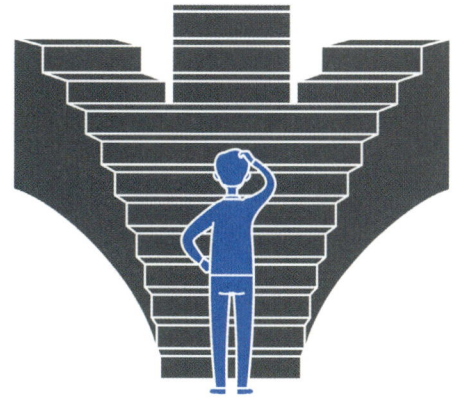

이 모든 도전 속에서 목회자의 절박한 외침이 울립니다: "전도와 양육이 중요하다는 건 알지만, 시간도, 사람도, 자료도 부족해요!"

전도와 양육의 본질을 놓치지 않으면서도, 목회자가 숨 쉴 여유를 찾을 수 있는 길이 있습니다. 교회에 새로운 활력을 불어넣는 여정을 시작합시다. 전도와 양육은 더 이상 부담이 아니라, 하나님의 나라를 세우는 기쁨의 통로가 될 것입니다.

이 장에서는 다음과 같은 실질적인 솔루션을 안내합니다:

• 전도 메시지 초안: 사람들의 마음을 움직이는 간결하고 강력한 전도 콘텐츠를 빠르게 만드는 법
• 양육 교재 설계: 소그룹과 성경공부를 위한 체계적이고 풍성한 교재 초안을 준비하는 방법
• 소그룹 대화 활성화: 성도들이 서로 깊이 연결될 수 있는 창의적인 질문과 활동 아이디어를 얻는 기술

우리는 사람을 향하지만 ChatGPT는 자료를 정리합니다

전도는 '말'을 넘어 '관계'입니다.
양육은 '지식'을 넘어 '삶의 전이'입니다.

그래서 전도와 양육은 ChatGPT가 대신할 수 없습니다.

하지만 ChatGPT는 목회자가 그 사역에 더 집중할 수 있게 만드는 도구가 될 수 있습니다.

- 전도용 콘텐츠는 ChatGPT가 초안을 만들고,
- 성도들의 피드백 분석은 ChatGPT가 정리하고,
- 소그룹 교재는 ChatGPT가 기초 자료를 구성하면,
- 목회자는 '전달'과 '돌봄'에 집중할 수 있습니다.

복음, 사람에서 사람으로

복음은 본질적으로 "사람이 사람에게 말로 전하는 것"입니다. 예수님께서 제자들을 보내시며 "가서 모든 민족을 제자로 삼으라"(마 28:19)고 말씀하셨듯이 복음은 인간의 음성과 관계를 통해 전달됩니다. 이 신성한 사명은 교회의 핵심이며 시대를 초월한 하나님의 부르심입니다. 그러나 복음 전파의 방식은 시대마다 새로운 도구와 문맥을 통해 달라졌습니다.

초대교회에서 바울은 복음의 메시지를 편지로 전하며 대필자(scribe)를 활용했습니다(롬 16:22, 딤후 4:11 참조). 그의 편지는 단순한 기록이 아니라, 성령의 감동을 받아 공동체를 세우고 권면하는 도구였습니다. 종교개혁 시대에는 마틴 루터가 설교문을 편집자들에게 맡겨 정리하고 인쇄함으로써 더 많은 이들에게 복음이 전해지도록 했습니다. 이처럼 하나님은 각 시대에 적합한 도구와 협력자들을 통해 복음의 메시지가 더 많은 사람들에게 명확히 전달되기를 원하십니다.

ChatGPT, 현대의 동역자

오늘날 우리는 인공지능(ChatGPT)이라는 새로운 도구를 맞이했습니다.
신학적 관점에서 ChatGPT는 단순한 기술이 아니라, 하나님의 창조 섭리 안에서 복음 사역을 돕는 현대의 편집자이자 보조자로 이해할 수 있습니다. ChatGPT는 인간의 창의성과 성령의 인도하심을 대체하지 않습니다. 오히려, 복음의 메시지가 더 명확하고, 더 접근 가능하며, 더 효과적으로 전해지도록 돕는 역할을 감당합니다.

1) 복음 전파의 명확성

ChatGPT는 전도 메시지를 다듬고, 다양한 청중에 맞춰 전달하는 데 도움을 줍니다. 예를 들어, 복잡한 신학적 개념을 간결하고 이해하기 쉽게 정리하거나 지역적·문화적 맥락

에 맞는 언어로 번역할 수 있습니다. 이는 바울이 유대인과 이방인에게 각각 그들의 언어로 복음을 전했던 방식(고전 9:20-22)을 떠올리게 합니다. ChatGPT를 통해 복음의 핵심—하나님의 사랑과 예수 그리스도의 구속—이 왜곡 없이 더 많은 이들에게 다가갈 수 있습니다.

2) 돌봄의 확장

돌봄은 교회의 또 다른 핵심 사역입니다. ChatGPT는 성도들의 필요를 파악하고, 목회자가 개인화된 상담 자료나 소그룹 교재를 준비하도록 돕습니다. 이는 마치 초대교회에서 디모데나 디도가 지역 교회를 돌보며 바울의 지침을 전달했던 역할과 유사합니다(딤전 4:11-16). ChatGPT는 목회자가 시간과 에너지를 절약해 성도들과 깊은 관계에 집중할 수 있도록 지원하며, 이는 하나님의 사랑이 더 구체적으로 나타나는 통로가 됩니다.

3) 하나님의 선물로서의 기술

신학적으로 기술은 하나님의 창조 질서 안에서 인간에게 맡겨진 선물입니다. 창세기 1장 28절에서 하나님은 인간에게 땅을 다스리며 관리하라는 청지기 직분을 주셨습니다. ChatGPT는 이 청지기 직분의 연장선상에 있습니다. 그것은 인간의 한계를 보완하고, 하나님의 말씀을 더 널리 퍼뜨리는 데 기여할 수 있습니다. 그러나 ChatGPT를 사용할 때는 늘 성령의 인도하심과 말씀에 대한 충실성을 점검해야 합니다. 기술은 도구일 뿐, 복음의 주체는 여전히 하나님이시며, 그분은 인간의 마음과 손을 통해 일하십니다.

GPT의 신학적 역할

ChatGPT는 인간의 의도와 신앙에 따라 사용되며, 그 결과는 우리의 충실함에 달려 있습니다. 따라서 ChatGPT를 활용하는 목회자와 사역자는 늘 다음과 같은 질문을 던져야 합니다:

- 이 도구가 복음의 본질을 흐리지 않고 드러내는가?
- 이 기술이 성도들을 하나님께 더 가까이 이끄는가?
- 우리가 의지하는 것은 ChatGPT가 아니라 하나님의 은혜인가?

ChatGPT는 현대 교회에 주어진 귀한 동역자입니다. 그것은 바울의 대필자나 루터의 편집자처럼, 복음이 더 명확히 전달되고, 돌봄이 더 깊이 이루어지도록 돕습니다. 하나님께서 각 시대에 주신 도구를 사용하셨듯, 오늘날 ChatGPT를 지혜롭게 활용하는 것은 복음 사역의 연장선입니다. 이 도구를 통해 복음의 메시지가 더 많은 이들에게 다가가고, 하나님의 사랑이 더 풍성히 드러나기를 소망합니다. ChatGPT는 단순한 기술이 아니라, 하나님의 섭리 안에서 교회를 세우는 데 기여하는 성스러운 조력자입니다.

1. ChatGPT로 할 수 있는 전도·양육·소그룹 사역

ChatGPT 사용 활용 사례	
구분	사역의 내용
전도	전도 대상자 특성에 맞는 초청 메시지, 문구 작성, 카드뉴스
양육	기본 교리문 초안, 성경공부 교재 구성, 요약 정리
소그룹	주제에 맞는 토론 질문 생성, 교재 요약, 리더용 진행 가이드 작성
성도 분석	설문 응답 요약, 피드백 분석, 반응 정리

이와 같은 영역에 ChatGPT를 활용하면 교회 사역이 효율적일 뿐 아니라 수준이 높아집니다. 전도는 다양한 대상자의 눈높이를 맞춰야 하는 것이기 때문에 맞춤형 메시지가 필요합니다.

또한 양육과 소그룹에서는 체계적이고 일관된 교재를 구성하고, 토론이나 내용에 유익한 질문을 설계할 수 있습니다. 이는 리더의 역할에서 상당한 부담을 줄이고 참여자의 이해를 돕는데 유익합니다. 성도 분석에서는 객관적이고 신속한 피드백과 개인이 보인 반응들을 기초로 목회 방향 설정에 실질적 도움을 받을 수 있습니다.

2. 전도와 양육에 도움을 주는 실전 프롬프트 템플릿

전도와 양육 사역에 ChatGPT를 활용하려면 프롬프트 구조가 선명해야 합니다.

프롬프트 기본 구성 (5요소)

> [역할] ChatGPT가 맡을 사역적 역할(전도 콘텐츠 기획자, 교육자료 설계자 등)
> [요청] 만들고자 하는 콘텐츠나 자료의 종류
> [실행지침] 문체, 분량, 대상자, 구성 요소 등의 지침
> [출력 예시] (선택적으로 포함)
> [제한사항] 피해야 할 내용, 톤, 신학적 기준 등 명시

3. 사역별, 상황별 프롬프트로 실습하기

예시 1. 전도 대상자 특성에 맞는 초청 메시지

> [역할] 당신은 교회 초청 문구를 기획하는 전도 사역 전문가입니다.
> [요청] 30대 직장인을 대상으로 하는 부활절 초청 메시지를 작성해주세요.
> [실행지침] 200자 이상으로, 따뜻하고 부담 없는 분위기로 작성하며, 5가지를 제안하고, 각 항목에서 장점과 단점을 찾으며, 전도를 위한 이미지 프롬프트는 영어로 제안해 주세요.
> [제한사항] 강한 종교적 표현이나 회개 강조는 배제합니다.

네, 아래는 30대 직장인을 위한 부활절 초청 메시지 5가지와 각각의 장단점, 그리고 각 메시지에 어울리는 영어 이미지 프롬프트입니다. 전체적으로 따뜻함, 편안함, 부담 없음을 중점에 두고 구성했습니다.

초청 메시지 1
"이번 부활절, 잠시 멈춰 쉬어 가세요.
일상에 지친 당신께 조용한 위로와 따뜻한 커피 한 잔을 준비했어요.
함께하면 더 좋습니다. 언제든, 누구든, 환영입니다."

- 장점: 정서적으로 공감대를 형성하며, 종교 색채 없이 부드럽게 초대
- 단점: 부활절의 의미가 다소 희석될 수 있음
- Image Prompt: A cozy Easter invitation scene with a coffee cup, soft lighting, a warm church interior, smiling young adults in business casual clothing, peaceful atmosphere

초청 메시지 2

"당신의 하루에도 '쉼표'가 필요하지 않으신가요?
바쁘게 살아온 당신을 위한 특별한 시간,
부활절에 함께 웃고, 함께 나누는 자리에 초대합니다."

- 장점: 현대인의 삶에 공감하는 키워드 '쉼'을 강조
- 단점: 예배나 신앙 행사임이 분명하지 않아 오해의 여지 있음
- Image Prompt: Easter gathering in a bright caféstyle church hall, people laughing and talking, pastel decorations, spring sunlight streaming through windows

초청 메시지 3

"요즘 어떻게 지내세요?
우리 함께, 따뜻한 음악과 이야기가 있는 부활절 시간을 보내면 어떨까요?
마음이 가볍고 편안한 자리가 될 거예요."

- 장점: 대화형 문장으로 친근함을 유도하고, 감성적 분위기 강조
- 단점: 기독교 행사라는 명확성이 낮아 정확한 기대감을 주기 어려움
- Image Prompt: Soft acoustic music Easter event, people listening with relaxed smiles, warm lighting, acoustic guitar in the foreground, peaceful indoor scene

초청 메시지 4

"특별한 날, 특별한 사람을 초대하고 싶었어요.
올해 부활절, 당신과 함께라면 더욱 의미 있을 것 같아요.
조금은 느린, 하지만 마음 깊이 남을 시간으로 오세요."

- 장점: 개인적으로 초대받는 느낌을 줄 수 있음, 감성적 접근
- 단점: 친분이 없는 사람에게는 다소 거리감 있을 수 있음
- Image Prompt: Personal Easter invitation concept, handwritten card on a wooden table, spring flowers, soft candlelight, a church event poster in the background

초청 메시지 5

"우리는 모두 바쁜 일상속에서
가끔, 나를 위한 시간을 잊고 살아가죠.
이번 부활절엔 당신을 위한 자리, 조용히 마련해 두었어요."

- 장점: '자기돌봄'이라는 테마로 감성적 접근, 심리적 피로에 공감
- 단점: 신앙적 메시지가 지나치게 약할 수 있음
- Image Prompt: Serene Easter setup with journal, tea cup, sunlight through curtChatGPTns, relaxing modern church lounge, minimalist Easter decorations

필요하시면 이 초청 메시지들을 카드뉴스용 슬라이드로도 재구성해 드릴 수 있습니다. 원하시나요?

이미지 프롬프트에 맞는 이미지

예시 2. 새가족 양육 교재 구성

> [역할] 당신은 새가속을 위한 양육 교재를 구성하는 목회 교육 디자이너입니다.
> [요청] 4주 과정의 새가족 교재 개요를 제안해주세요.
> [실행지침] 각 주제별 제목, 핵심 메시지, 적용 질문 1개씩 포함
> [제한사항] 교리 중심이 아니라 교회 소개와 공동체 적응 중심으로 구성

물론입니다.

아래는 [복음 중심 + 교회 소개 + 공동체 적응]에 중점을 둔 4주 과정의 새가족 양육 교재 개요입니다.
각 주제는 PASTOR 기법(Problem, Analysis, Solution, Theology, Outcome, Response)에 따라 서술되며, 적용 질문도 포함되어 있습니다.

1주차 – 환영합니다! 하나님은 당신을 사랑하십니다.

본문: 요한복음 3:16, 로마서 5:8
제목: "하나님께서 당신을 기다리고 계셨습니다"

핵심 메시지 (PASTOR 기법 적용)

P – Problem (문제 제기)
많은 사람들이 자신이 누군가에게 중요한 존재일지, 삶에 어떤 의미가 있을지 고민합니다. 특히 교회를 처음 찾은 이들에게는 낯설고 외로운 감정이 따를 수 있습니다.

A – Analysis (분석)
복음은 단순히 종교적 정보가 아니라 '하나님께서 먼저 사랑하셨다'는 메시지입니다. 요한복음 3:16은 하나님의 사랑이 우리 삶을 향하고 있다는 것을 가장 단순하면서도 강력하게 보여줍니다. 하나님은 세상을 '이처럼' 사랑하셨고, 그 사랑은 조건 없이, 죄 가운데 있는 우리를 향한 것입니다.

S – Solution (해결)
하나님은 예수님을 통해 우리에게 다가오셨고, 우리 각자와 관계 맺기를 원하십니다. 이 교회를 방문하게 된 것, 이 교재를 접하게 된 것조차 하나님이 사랑으로 이끄신 여정의 일부입니다. 당신은 혼자가 아니며, 교회 공동체는 하나님의 사랑을 나누는 공간입니다.

T – Theology (신학적 기초)
하나님의 사랑은 은혜(grace)로 주어집니다. 이는 내가 자격이 있어서가 아니라, 하나님이 사랑이시기 때문에 주시는 선물입니다. 복음은 "하나님이 먼저 사랑하셨다"는 고백에서 시작합니다. 이 진리를 교회의 시작점으로 삼을 때, 그분과의 관계가 신앙의 중심이 됩니다.

O – Outcome (결과)
이 사랑을 깨닫는 순간, 우리는 하나님을 향해 마음을 열게 됩니다. 교회는 그런 사랑을 함께 발견하고, 나누는 공동체입니다. 혼자가 아니라 함께 걸어가는 여정을 시작하는 것입니다.

R – Response (적용)
 당신을 향한 하나님의 사랑을 받아들이고, 삶에 적용해 보세요.
 교회에서 만나는 모든 사람도 하나님의 사랑을 받은 존재임을 기억하세요.
 첫 주에는 마음을 여는 것만으로도 충분합니다. 함께 걷는 걸음은 천천히 시작해도 괜찮습니다.

적용 질문

1. 하나님께서 나를 '먼저 사랑하셨다'는 말이 당신에게 어떤 느낌을 줍니까?
2. 이 사랑을 교회 공동체에서 어떻게 경험해 보고 싶으신가요?
3. 하나님께 '감사합니다'라고 말하고 싶은 순간이 있었다면 언제인가요?

2주차 – 복음이란 무엇인가요? 예수님을 만나는 길

본문: 로마서 6:23, 에베소서 2:8-9
제목: "예수님, 나의 인생을 바꾸는 이야기"

핵심 메시지 (PASTOR 기법 적용)

P – Problem
우리 삶은 바쁨과 갈등, 불안과 허무로 가득할 때가 많습니다. 그런데 이런 문제들을 단순히 도와주는 것이 아니라, 삶의 본질 자체를 바꿔줄 수 있는 길이 있을까요?

A – Analysis
복음은 단순한 위로가 아니라 완전히 다른 '생명'을 주는 소식입니다. 로마서 6:23은 '죄의 삯은 사망'이지만, '하나님의 은사는 영생'이라고 말합니다. 우리가 자력으로 이룰 수 없는 생명의 길을 예수님이 주십니다.

S – Solution
예수님은 하나님의 아들로 이 땅에 오셔서 우리의 죄를 대신해 죽으셨고, 부활하심으로 새로운 생명을 여셨습니다. 이 예수님을 믿는 믿음은 단지 '교회 다니는 일'이 아니라, 전혀 새로운 정체성과 삶의 방향을 주는 전환점입니다.

T – Theology
구원은 오직 은혜로, 믿음으로 주어집니다. 어떤 조건이나 자격 없이 하나님은 우리에게 새로운 삶을 선물로 주셨습니다. 이 복음은 '누구든지' 받을 수 있는 소식이며, 그 문은 열려 있습니다.

O – Outcome
예수님을 믿고 받아들일 때, 우리는 더 이상 과거의 죄책감에 사는 존재가 아닙니다. 정죄 대신 자유, 두려움 대신 평안을 얻습니다. 그 시작이 바로 예수님을 나의 구주로 믿는 고백입니다.

R – Response
예수님을 마음으로 영접하고, 그분의 생명을 받아들이세요.
복음은 교리 이전에 '관계'입니다. 예수님을 인격적으로 알아가세요.
교회는 그분을 함께 알아가는 공동체입니다. 이제는 혼자가 아닙니다.

적용 질문

1. '복음'이라는 단어를 처음 들었을 때 어떤 느낌이 드셨나요?
2. 예수님이 당신을 위해 죽으셨다는 사실을 어떻게 받아들이게 되셨나요?
3. 지금 예수님께 질문하고 싶은 것이 있다면 어떤 것인가요?

3주차 – 교회는 어떤 곳인가요?

본문: 사도행전 2:42-47, 요한복음 13:34-35
제목: "교회는 함께 걷는 사람들이 있는 곳입니다"

핵심 메시지 (PASTOR 기법 적용)

P – Problem
교회가 낯설고 어렵게 느껴지는 분들이 많습니다. 어떤 사람은 과거의 상처 때문에, 어떤 사람은 막연한 두려움 때문에 공동체에 잘 섞이지 못합니다.

A – Analysis
초대 교회는 함께 떡을 떼고, 기도하고, 서로 돌보며 하나님을 예배하는 공동체였습니다. 교회는 완벽한 사람이 모이는 곳이 아니라, 연약한 이들이 함께 진리를 따라가는 곳입니다.

S – Solution
예수님은 "서로 사랑하라"고 하셨고, 그 사랑이 제자의 표지라고 하셨습니다. 교회는 예수님의 사랑을 실천하는 공간입니다. 이곳에서는 나누고, 울고, 웃고, 성장하는 일들이 함께 이루어집니다.

T – Theology
하나님은 개인만이 아니라 공동체를 부르십니다. 그리스도의 몸으로서 교회는 각 지체가 서로 연결되고, 도우며, 함께 성장하도록 지어진 유기체입니다.

O – Outcome
교회 안에서 우리는 삶을 나누고, 관계 속에서 예수님을 닮아갑니다. 처음엔 서먹해도, 점차 이 공동체 안에서 안전함과 신뢰를 경험하게 됩니다.

R – Response
교회를 '내 자리'로 받아들이는 연습을 시작해 보세요.
함께 나누고 싶은 삶의 이야기를 한 가지 준비해 보세요.
교회는 예배뿐 아니라 삶을 함께하는 공간이라는 사실을 기억하세요.

적용 질문

1. 교회 공동체에서 어떤 부분이 가장 기대되시나요?
2. 나눔과 섬김에 대해 마음속에 있는 부담이나 기대는 무엇인가요?
3. '서로 사랑하라'는 말씀을 삶에서 어떻게 실천해볼 수 있을까요?

4주차 – 나는 이제 어디로 가야 하나요?

본문: 빌립보서 1:6, 히브리서 10:24-25
제목: "당신의 신앙 여정은 지금 시작입니다"

핵심 메시지 (PASTOR 기법 적용)

P – Problem
결심은 쉬워도, 그 결심을 지속하는 건 어렵습니다. 특별히 신앙 생활은 처음에 뜨겁다가도 점차 흐려질 수 있습니다.

A – Analysis
믿음은 한순간의 고백이 아니라 지속적인 '여정'입니다. 하나님은 당신 안에서 시작하신 일을 끝까지 이루어가십니다(빌 1:6). 중요한 것은 완벽함이 아니라 '계속 가는 것'입니다.

S – Solution
교회 공동체는 이 여정을 함께 가는 동반자입니다. 주일예배, 소그룹, 양육 프로그램, 봉사 등은 모두 이 여정 속의 '걸음'들입니다. 방향을 잃을 때 함께 손을 잡아줄 이들이 있다는 사실이 신앙을 지키는 힘이 됩니다.

T – Theology
히브리서 10장처럼, 우리는 서로를 격려하며 선한 일을 위해 모이기를 힘써야 합니다. '계속 모이는 것' 자체가 하나님께 순종이며, 성장의 통로입니다.

O – Outcome
교회 안에서의 정착은 단순히 출석하는 게 아니라, 관계를 맺고, 사명을 발견하며, 나의 자리를 찾아가는 과정입니다. 이 네 주는 그 첫걸음입니다.

R – Response
 정기적인 예배 참여를 결심해 보세요.
 작게라도 내가 섬길 수 있는 영역을 찾고 시작해 보세요.
 신앙 여정의 동반자로 누군가를 함께 초대해 보세요.

적용 질문

1. 지금까지 4주 동안 가장 인상 깊었던 메시지는 무엇이었나요?
2. 다음 걸음을 위해 내가 실천할 수 있는 작은 행동은 무엇인가요?
3. 나의 신앙 여정을 함께 걸어가고 싶은 사람이 있나요?

예시 3. 소그룹 나눔 질문 제작

> [역할] 당신은 주일 설교 후 나눔 질문을 작성하는 소그룹 리더 지원자입니다.
> [요청] 설교 본문이 로마서 12장 1~2절일 때, 소그룹에서 사용할 토론 질문을 3개 작성해 주세요.
> [실행지침] 적용 중심 질문으로, 일상과 연결되도록 작성
> [제한사항] 신학적 개념 설명 요구형 질문은 피합니다.

물론입니다. 로마서 12장 1~2절 말씀을 바탕으로 한 적용 중심의 소그룹 토론 질문 3가지를 아래와 같이 제안 드립니다. 질문은 신학적 개념 설명이 아닌, 삶의 적용과 연결될 수 있도록 구성했습니다.

본문: 로마서 12장 1~2절 "그러므로 형제들아 내가 하나님의 모든 자비하심으로 너희를 권하노니 너희 몸을 하나님이 기뻐하시는 거룩한 산 제사로 드리라 이는 너희가 드릴 영적 예배니라 너희는 이 세대를 본받지 말고 오직 마음을 새롭게 함으로 변화를 받아 하나님의 선하시고 기뻐하시고 온전하신 뜻이 무엇인지 분별하도록 하라."

소그룹 나눔 질문 (적용 중심)

1. "요즘 내 삶에서 하나님께 '산 제사'로 드릴 수 있는 구체적인 모습은 어떤 것이 있을까요?"
   → (예: 직장, 가정, 시간, 몸, 관계 등 일상에서 내가 드릴 수 있는 영역을 나눠보세요.)

2. "'이 세대를 본받지 않는 삶'을 살아가려 할 때 가장 어려운 순간은 언제인가요?"
   → (예: 사회적 기대, 유행, 경쟁 문화 속에서 내 신앙을 지키기 힘들었던 경험을 나눠보세요.)

3. "하나님의 뜻을 분별하기 위해 요즘 내 삶에서 새롭게 해야 할 '마음의 태도'는 무엇일까요?"
   → (예: 멈춤, 묵상, 결단 등 실제 삶에 적용 가능한 나만의 새로움의 방식은 무엇인지 생각해보세요.

필요하시다면 이 질문들을 프린트 가능한 카드형 이미지나 슬라이드로 구성해 드릴 수도 있습니다. 원하시나요?

4. 전도를 위한 ChatGPT 연습하기

STEP 1: '누구를 위한' 자료인지 정하기

> 전도 대상자? 새가족? 중직자? 청년?

STEP 2: 어떤 자료를 만들고 싶은지 정하기

> 카드뉴스 문구? 소그룹 질문? 양육 커리큘럼?

STEP 3: 프롬프트를 구성해 생성하고, 수정하기

> 출력 결과를 검토하고, 교회 상황에 맞게 수정

사례 1. 전도 현장에서 바로 쓸 수 있는 초청 메시지 생성

"요즘 많이 지치시죠?
저희 교회에서 이번 주에 부활절 맞이 마음회복 예배가 열립니다.
함께하면 좋겠어요. 부담 없이 오셔도 돼요."

➡ 30초 만에 작성, 톤 조정도 가능
➡ 상대별로 수정하여 5명에게 다르게 보낼 수 있음

사례 2. 교회 내부 양육 콘텐츠 제작

주제: 기도란 무엇인가?
정의: 기도는 하나님과의 대화이다.
성경 근거: 마태복음 6장 6절
적용 질문: "나는 요즘 누구에게 가장 많이 말하고 있는가?"
묵상 활동: "나의 기도 장소, 시간, 이유를 노트에 정리해 보기"

➡ 3분 안에 4주 분량 양육 틀이 완성됨
➡ 기존 교재와 비교하여 보완 가능

전도와 양육의 본질, 그리고 ChatGPT의 역할

전도와 양육은 단순한 콘텐츠 제작이 아닙니다. 그 본질은 언제나 '관계'에 있습니다.

사람의 마음을 열고, 함께 걷고, 신앙의 여정을 나누는 것은 텍스트가 아닌 관계의 온기에서 시작됩니다. 하지만, 그 관계를 시작하고 이어가는 데는 '말'이 필요합니다.

따뜻한 한마디, 적절한 표현, 공감이 담긴 문장이 새가족의 마음을 열고, 신앙의 대화를 이끌어내는 연결점이 됩니다. ChatGPT는 그 '말'을 준비하는 협력자입니다. 초대 메시지, 양육 교재, 소그룹 질문 등 목회자의 생각을 정리하고 표현하는 데 도움을 줍니다.

그러나 ChatGPT가 만들어내는 결과물은 어디까지나 초안일 뿐입니다. 그 초안을 목회자의 손으로, 공동체를 향한 마음으로 신학적 안목, 공동체에 대한 이해, 사랑의 깊이로 다듬는 순간, 비로소 그것은 목회적 메시지가 됩니다.

- 전도 > 초청 문자, 포스터 문구, 전도 키워드, 대상자 맞춤형 표현
- 양육 > 새가족 교재, 제자훈련 커리큘럼, 소그룹 나눔 질문
- 활용 팁 > 대상 명확히 → 요청 분명히 → 프롬프트 구성 → 출력 후 수정
- 주의 사항 > ChatGPT는 목회적 판단을 대신할 수 없다. 항상 검토와 기도 필요

CHAPTER 7

ChatGPT로 이미지 만들기

제7장
사역을 돋보이게 하는 이미지 ChatGPT로 만들기

  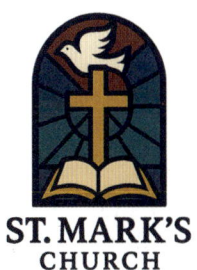

위의 이미지들은 현재 ChatGPT4o에서 생성한 이미지입니다. 성경을 기반으로 여러 형태로 이미지를 생성할 수 있습니다. 교회 포스터, 예배 ppt, 배경, 로고, 4컷만화, 교회 신문에 들어가는 이미지 등의 여러 형태로 활용이 가능합니다.

특히 이미지 프롬프트에서 중요한 포인트는 "스타일, 구도, 각도, 뷰" 등을 구성하여 여러 형태로 이미지를 구성하는 일입니다. AI 이미지는 이미 내가 생각한 것을 이미지로 구현하는 일을 합니다. 또한 포스터와 왠만한 디자인에 대한 부분도 가능해졌습니다. 그만큼 혼자, 또는 업무에 시달리는 목회자들을 위한 좋은 대안이 될 수 있습니다.

"말씀이 좋은데… 왜 시선은 다른 데로 갈까요?"

설교는 분명 잘 준비했습니다. 본문 해석도 정확했고, 적용도 살아 있었습니다. 그런데 이상하게도 성도들의 눈빛이 흐트러집니다. 그 순간, 파워포인트 첫 장이 떠오릅니다. 낯설고, 분위기와 맞지 않는 이미지 한 장이 말씀으로 몰입하려는 마음에 보이지 않는 장벽을 만들었습니다.

어린이 예배도 마찬가지입니다. 복음의 핵심을 담아 정성껏 준비한 메시지, 그러나 그 메시지를 뒷받침해 줄 그림이 오래된 클립아트거나 아이들의 감성을 따라가지 못하는 구식 자료라면, 그 말씀이 아무리 좋아도 아이들의 마음속엔 '들리지 않는 말씀'이 될 수 있습니다.

이 시대는 '내용'만으로는 충분하지 않습니다. 전달 방식, 시각 언어, 이미지 감성까지 함께 준비되어야 비로소 말씀은 온전히 전달되고, 마음에 깊이 심어질 수 있습니다.

1. 스토리를 활용해서 만화 이미지로 만들기

이런 방식으로 스토리를 만든 만화 형태로 이미지를 구성하여 설교의 보조자료로 사용할 수 있습니다. 위의 만화 스타일은 "도라에몽 스타일"입니다.

사용된 ChatGPT 링크를 공유합니다.
여기서 프롬프트를 보실 수 있습니다.

목회자는 콘텐츠를 만드는 사람이 아니라 '메시지를 살아 있게 하는 사람'입니다. 그 메시지에 생명력을 더해줄 도구가 있다면, 주저할 이유가 없습니다. ChatGPT와 같은 도구는 바로 그 일을 도와주는 동역자입니다.

목회자의 신학적 통찰은 변함없는 중심이어야 합니다. 그러나 그 통찰이 오늘의 언어, 오늘의 이미지로 담겨질 때 그 말씀이 아이들에게, 청년들에게, 성도들에게 살아 있는 하나님의 음성으로 다가갈 수 있습니다.

목회 현장에는 '말'보다 먼저 '이미지'가 닿는 순간들이 많습니다.

교회의 이미지 활용 예시

교회의 이미지를 활용 예시

예배 시작 전 화면
아이들을 위한 설교 삽화
중고등부 카드뉴스, 포스터
주일학교 성경퀴즈, PPT 배경
성탄절, 부활절 포스터
소그룹 커버 이미지

이제는 교회가 목회 현장에서 실제로 활용할 수 있는 의미 있고 고품질이며, '신앙적 감성'을 담은 이미지를 만들어서 빠르게 사역에 적용할 때입니다.

2. 성경 캐릭터를 ChatGPT로 만들기

다음 중 한 가지라도 경험해 보셨다면, 이 장은 반드시 도움이 됩니다:

- 예배 시작 전에 화면이 너무 밋밋해서 이미지 하나가 있었으면 좋겠다고 생각할 때
- 교사 교육자료 PPT에 쓸 삽화가 없어서 당황했던 늦은 토요일 저녁
- 청년부 행사를 홍보하려는데 쓸만한 디자인이 하나도 없을 때
- 성탄절 영상 앞에 넣을 썸네일이 없어서 설교 자료 이미지를 억지로 잘라 쓴 경험

이런 순간들에 ChatGPT 이미지는 '즉시 대응 가능한 목회 디자인 도우미'가 됩니다.

다양한 표현으로 예배와 아이들 교육에 많은 도움을 받을 수 있습니다.

예수님의 성만찬과 겟세마네의 기도 프롬프트

Jesus surrounded by disciples at the Last Supper, holding bread with compassion, candlelight casting warm glow, transition to Jesus alone in the Garden of Gethsemane praying in agony under moonlight, olive trees and sorrowful atmosphere

"우리는 복음을 '말씀'으로 전합니다.
그러나 복음은 언제나 '삶 전체를 통해 전해지는 메시지'였습니다."

개혁신학은 말씀 중심성(Sola Scriptura)을 강조하면서도, 그 말씀이 우리의 전 존재와 삶 속에서 실현되어야 함을 강하게 주장합니다. 이는 단순히 언어적 설교로만 끝나는 것이 아니라, 삶의 모든 영역―문화, 예술, 인간의 창의력―속에 복음이 스며들어야 한다는 칼

빈주의적 문화관과 맞닿아 있습니다.

"그런즉 너희가 먹든지 마시든지 무엇을 하든지 다 하나님의 영광을 위하여 하라"
(고린도전서 10:31)

  이는 시각 언어 또한 하나님의 영광을 위해 '도구적으로' 사용될 수 있음을 보여주는 말씀입니다. 이미지, 디자인, 색채와 같은 시각적 수단은 복음 전달을 돕는 일반은총의 수단이 될 수 있습니다.

초대교회도 '이미지'를 통해 복음을 표현했다.

헬라어 익투스의 그림, 물고기 표시로 서로를 알아보았다.

  초대교회의 성찬, 물고기(IXΘYΣ), 길, 문, 빛의 상징 등은 모두 신앙의 내용을 이미지로 표현한 시도였습니다. 이러한 상징은 직접적인 계시는 아니지만, 성경의 메시지를 보완하고 설명하는 비언어적 의사소통의 통로로 기능했습니다.

  우상숭배에 반대하지만, 복음을 돕는 상징과 교육적 도구로서의 시각 표현은 허용해 왔습니다. 특히 종교개혁 이후 개신교 예배 공간에서도 말씀의 흐름을 돕는 성화와 기호, 현대에 와서는 파워포인트, 영상, 인포그래픽 등의 다양한 매체가 사용되고 있습니다.

"너희는 이 세대를 본받지 말고 오직 마음을 새롭게 함으로 변화를 받아
하나님의 선하시고 기뻐하시고 온전하신 뜻이 무엇인지 분별하도록 하라"
(로마서 12:2)

시대가 변화함에 따라 표현 방식도 달라져야 함을 시사하는 구절입니다. 오늘날의 '마음의 새로움'은 디지털 환경에서의 시각 언어의 재구성을 포함할 수 있습니다.

시각적 표현은 교육과 예배, 복음 전파의 중요한 도구이다.

개혁주의 신학은 교육과 훈련을 중시합니다. 이는 이해 가능한 언어, 시대에 맞는 표현, 그리고 각 연령에 적합한 도구 사용을 지지하는 전통 위에 서 있습니다.

ChatGPT가 제공하는 이미지 도구는 단지 '보여주기 위한 장식'이 아니라, 아이들의 이해를 돕고, 청년의 감성을 자극하며, 모든 세대가 복음을 경험하도록 돕는 현대의 신학적 도구입니다.

> "주의 말씀은 내 발에 등이요 내 길에 빛이니이다"
> (시편 119:105)

복음은 보여지고, 들려지고, 느껴지는 방식으로 성도들의 삶 속에 들어와야 하며, ChatGPT는 그 '길'에 빛을 비추는 새로운 수단이 될 수 있습니다.

ChatGPT 이미지 활용은 '우상'이 아니라, '도구'이다.

기독교 신학은 형상 금지를 우상숭배의 위험으로부터 교회를 지키기 위해 엄격히 적용해 왔습니다. 그러나 그 원칙은 하나님 자체를 시각화하지 말라는 경고이지, 복음을 이해시키기 위한 시각적 보조 도구의 사용을 금지하는 것은 아닙니다.

ChatGPT가 생성하는 이미지는 하나님을 직접 시각화하거나 왜곡하려는 목적이 아니라, 복음의 전달을 돕기 위한 수단으로 사용된다면, 이는 기독교 신학적 문화관과 교회교육 정신에서 충분히 허용가능한 영역입니다.

3. 사역별 ChatGPT 이미지 활용 사례

사역 분야

- **청소년 사역** > 큐티 노트 표지, 집회 포스터, 찬양 배경, 소셜미디어 카드
- **예배 및 행사** > 예배 PPT 배경, 절기 행사 포스터, 광고 슬라이드
- **교육 콘텐츠** > 성경공부 슬라이드, 교재 커버, 소그룹 시각자료
- **홍보 및 소통** > 웹포스터, 인스타 피드, 행사초대장, 유튜브 섬네일

예시 프롬프트
- ● 어린이 예배 > 성경이야기 삽화, 믿음 생활 시각자료, 퀴즈 배경, 컬러링 페이지
- ● 청소년 사역 > 큐티 노트 표지, 집회 포스터, 찬양 배경, 소셜미디어 카드
- ● 예배 및 행사 > 예배 PPT 배경, 절기 행사 포스터, 광고 슬라이드
- ● 교육 콘텐츠 > 성경공부 슬라이드, 교재 커버, 소그룹 시각자료
- ● 홍보 및 소통 > 웹포스터, 인스타 피드, 행사초대장, 유튜브 섬네일

이에 대한 각 파트별 이미지 프롬프트를 순서대로 구축해 줘

아주 훌륭한 요청입니다.

요청하신 5개 파트에 대해 실제 이미지 제작을 위한 프롬프트를
[사용 목적] – [스타일/톤] – [묘사 및 텍스트 포함] – [옵션] 형식으로 정리해드립니다.
Midjourney, DALL·E, Playground 등 모든 AI 이미지툴에서 활용 가능한 고급 프롬프트이며,
한국어 텍스트 포함 여부, 투명 PNG, 비율 등 옵션도 고려합니다.

이미지 프롬프트 생성 링크

#고급 팁! -> 한글 폰트를 ChatGPT에 넣고, 이미지를 생성하면 한글을 잘 생성해 줍니다.

1. 어린이 예배 – 유아/아동 전용 이미지 프롬프트

1-1. 성경이야기 삽화 (예: 다윗과 골리앗)
A colorful storybook illustration in cartoon style showing David facing Goliath, miniature world, warm pastel tones, expressive characters with friendly faces, blue sky background. Korean caption "하나님이 도와주셨어요!" included in Pretendard font. ar 16:9 v 6

1-2. 믿음 생활 시각자료 (예: 기도하는 어린이)
Cute digital art of a Korean child praying beside their bed at night, warm lighting from a small lamp, gentle and peaceful atmosphere, cartoon diorama style. Korean text: "기도는 하나님과 대화해요." ar 4:5 v 6

1-3. 퀴즈 배경
Colorful game show style background with question mark icons, playful buttons, and glowing effects, designed for children's Bible quiz slides. Korean title area at top: "성경 퀴즈!" in round font, transparent space for inserting questions. ar 16:9

1-4. 컬러링 페이지
Line drawing, black and white only, showing Noah's Ark with animals walking in pairs, no shading, perfect for children's coloring book, friendly cartoon style. No background, white canvas. ar 4:3 v 6

2. 청소년 사역

2-1. 큐티 노트 표지
Youthful and bold journal cover design for QT notes, with abstract patterns, cross silhouette, Bible, and vibrant brushstroke textures. Korean title: "말씀으로 하루를 시작해" in modern font. Urban teen style, skythemed color. ar 3:4

2-2. 집회 포스터 (예: 여름 수련회)
Dynamic poster design for Christian youth retreat, summer mountain background with light rays breaking through clouds, Korean slogan: "다시 불타오르라!" (다이나믹 타이포). Youth raising hands in worship silhouette. ar 16:9

2-3. 찬양 배경

Highenergy concert stage style background with bright lights, abstract waves, and joyful teen silhouette praising, soft focus. Korean lyric area in center, transparent PNG preferred. ar 16:9

2-4. 소셜미디어 카드

Modern Instagram card with clean layout, image of smiling Korean teenager reading the Bible, pastel color blocks and minimal design. Korean text: "오늘도 말씀 한 줄 묵상하기" ar 1:1

3. 예배 및 행사

3-1. 예배 PPT 배경

Soft gradient background with light cross silhouette and abstract rays, subtle cloud texture, room for text in center. Designed for Sunday worship presentation slides. No characters. ar 16:9

3-2. 절기 행사 포스터 (예: 부활절)

Easter sunrise scene with empty tomb and glowing cross in background, flowers in foreground. Korean title: "부활하셨습니다!" in elegant brush font. Pastel tone with hopeful atmosphere. ar 4:5

3-3. 광고 슬라이드

Minimal announcement slide background with clean white layout, blue highlight bar, and icon for events. Korean placeholder text: "이번 주 주요 광고". ar 16:9

4. 교육 콘텐츠

4-1. 성경공부 슬라이드 배경

Simple lined notebookstyle background with open Bible, pen, and cross icon, light paper texture, soft colors for classroom slides. Korean section header: "오늘의 말씀 공부". ar 16:9

4-2. 교재 커버 디자인

Illustrated cover design for children's Bible workbook, happy kids holding Bible, colorful and cheerful, Korean title: "하나님 말씀 탐험!" in round font. ar 3:4

4-3. 소그룹 시각자료
A scene of 5 diverse young adults sitting in a circle with Bibles, discussing joyfully, diorama warm style. Korean caption on top: "말씀을 나눠요" in soft font. ar 16:9

5. 홍보 및 소통

5-1. 웹포스터 (교회 홈페이지용)
Modern banner design with large hero image of welcoming Korean family at church entrance, clean layout with logo placeholder, Korean church name and date. ar 16:9

5-2. 인스타 피드용 카드
Aesthetic Christian quote card for Instagram, background: abstract watercolor cross, Korean verse: "주는 나의 목자시니" (시편 23편) in calligraphy. ar 1:1

5-3. 행사 초대장 (예: VIP 주일)
Digital invitation design for newcomer welcome Sunday, soft tone photo of smiling greeters with flowers, Korean message: "당신을 환영합니다!" — date/time/장소 아래 표시. ar 4:5

5-4. 유튜브 섬네일
Bold and colorful YouTube thumbnail for church sermon clip, pastor in frame, big Korean text: "진짜 복음이란?" with glowing Bible icon. Clean composition. ar 16:9

필요하신 항목을 말씀해주시면, 즉시 해당 이미지 1컷 생성 혹은 시리즈 기획으로 도와드리겠습니다! 어떤 파트부터 시작해볼까요?

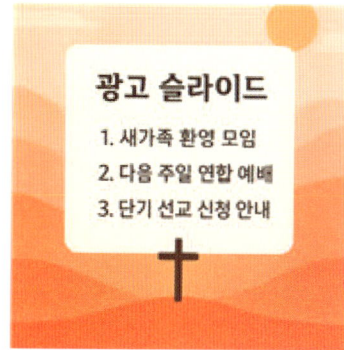

4. 교회 이미지 제작을 위한 실전 프롬프트 템플릿

ChatGPT에게 이미지를 요청하려면 네 가지 요소를 꼭 포함해 요청해야 합니다.

프롬프트 4요소

> 주제 > 어떤 상황에서 사용할 이미지인지 (예: 주일학교 말씀 삽화)
> 스타일 > 일러스트 / 리얼 / 수채화 / 클레이 / 픽토그램 등 선택
> 요소 > 포함되어야 할 구체적 묘사 (예: 예수님, 아이들, 무지개)
> 비율 > 종횡비 설정 (예: 16:9, 1:1, 3:4 등 목적에 따라)

예시 프롬프트 1. 유년부 예배 설교 PPT용

> 당신은 유년부 예배를 준비하는 목회자입니다.
> 본문을 선정 [누가복음 15장 11~24절]
> 스토리텔링을 먼저 정리하고, [6화]로 이미지 프롬프트 생성의 구성으로 정리해서 제안해주세요.

누가복음 15장 11~24절 – "돌아온 탕자"는 유년부 아이들에게 하나님의 사랑과 용서를 깊이 심어줄 수 있는 최고의 본문 중 하나입니다. 이를 바탕으로 스토리텔링 6화 구성 + 각 화에 맞는 이미지 프롬프트 제안(유아~초등 저학년용)으로 정리해 드리겠습니다.

스토리텔링 6화 구성 (누가복음 15:11-24)
1화: 아빠에게 말한 작은 아들

스토리 요약: 작은 아들이 아버지에게 "내 몫의 돈 주세요!"라고 말해요. 아빠는 슬펐지만, 아들의 말을 듣고 돈을 줍니다.

핵심 메시지:
▶ 하나님은 우리가 멀리 가려 해도 여전히 사랑하세요.

이미지 프롬프트:
A young boy asking his father for money, in a peaceful countryside home, warm lighting, both wearing simple ancient robes, gentle expressions – children's Bible illustration style, pastel watercolor

2화: 멀리 떠난 작은 아들

스토리 요약: 작은 아들은 먼 나라로 떠났어요. 매일매일 돈을 쓰고, 즐겁게 놀기만 했지요.

핵심 메시지:
▶ 우리도 하나님을 잊고 내 마음대로 살 때가 있어요.

이미지 프롬프트:
The young son traveling far away, with a small bag over his shoulder, smiling as he enters a colorful city, ancient Middle Eastern scenery, cartoonstyle, bright colors

3화: 배고프고 외로운 날들

스토리 요약: 가진 것이 모두 없어지고, 먹을 것도 없어요. 결국 돼지 먹이를 주는 일을 하게 돼요.

핵심 메시지: ▶ 하나님 없이 살면 마음도 허전하고 힘들어요.

이미지 프롬프트: Sad young boy feeding pigs in a muddy field, wearing ragged clothes, hungry expression, pigs eating, dark cloudy sky – children's Bible art style

4화: 집을 떠올린 작은 아들

스토리 요약: "우리 집 아빠는 종들도 잘 먹이시는데." 작은 아들은 생각해요. "집으로 돌아가자."

핵심 메시지: ▶ 회개는 하나님의 품으로 돌아가는 첫걸음이에요.

이미지 프롬프트: The boy looking thoughtful and emotional, sitting on a rock under a tree, remembering his father, sunlight breaking through clouds – soft children's storybook style

5화: 뛰어나오는 아빠

스토리 요약: 작은 아들이 집으로 돌아오자, 멀리서 달려온 아빠가 아들을 안아줍니다.

핵심 메시지: ▶ 하나님은 우리가 돌아올 때 기뻐하시고 안아 주세요.

이미지 프롬프트: Father running joyfully to embrace his son on a dirt road, arms wide open, joyful tears, big hug, background of their home – bright pastel children's illustration

6화: 잔치를 여신 아빠

스토리 요약: 아빠는 말해요. "이 아들은 죽었다가 다시 살아났단다!" 맛있는 음식과 좋은 옷으로 잔치를 벌여요.

핵심 메시지: ▶ 하나님은 한 영혼이 돌아올 때 천국에서 잔치를 여세요!

이미지 프롬프트: Family feast celebration with father and young son smiling, wearing new clothes, table full of food, joyful atmosphere, friends clapping – children's Bible art style, pastel tones

전체 구성 요약

화수	장면 요약	핵심 메시지	이미지 프롬프트 키워드 요약
1화	돈 달라는 아들	사랑은 멀어져도 계속됨	boy, father, money, home
2화	멀리 떠나는 아들	자기 멋대로 살 때	journey, city, bag
3화	돼지 먹이 주는 아들	하나님 없이 외로움	pigs, hungry, dirty
4화	돌아가야겠다고 결심	회개의 시작	thinking, sunset, hope
5화	아빠가 달려와 안아줌	돌아오는 자를 안아주심	running hug, joyful father
6화	잔치 여는 아빠	회복은 기쁨의 잔치	feast, celebration

원하신다면 이 흐름을 유년부 설교문 or 활동지, PPT, 카드뉴스 시리즈로도 확장해드릴 수 있습니다.
혹시 다음 단계로 넘어가도 괜찮을까요?

예시 프롬프트 2. 청소년부 수련회 포스터용

'With God'이라는 주제를 가진 청소년 여름수련회 포스터용 이미지.

젊은 감성의 그래픽 아트 스타일, 배경은 별이 떠 있는 밤하늘과 찬양하는 청소년들의 실루엣.

감동적이고 은은한 조명 효과가 비추는 장면.

종횡비는 3:4 포스터용 비율.

교회 이미지 제작을 위한 ChatGPT 연습하기

STEP 1: 이미지가 필요한 사역 순간을 정리
> 주일학교 설교 / 중고등부 리트릿 / 예배 시작 화면

STEP 2: 어떤 감성 + 어떤 구도를 원하는지 구체화
> 밝고 따뜻한 느낌 / 실루엣 / 파스텔 / 밤 / 어린이 중심 등

STEP 3: 프롬프트 작성 → 이미지 생성 → 결과 확인
> 필요 시 재요청: "조금 더 밝게", "십자가를 더 강조", "아이의 표정을 웃게 해줘" 등

5. 교회 이미지 제작을 위한 프롬프트로 실습하기

연습 1. 유아부 컬러링북 제작
프롬프트: "성경 속 다윗이 양을 돌보는 장면, 흑백 라인드로잉 스타일, 컬러링용"
이미지 생성 후 PDF로 묶어 출력
➡ 아이들의 눈높이에 맞는 흥미로운 신앙 학습 자료 완성

연습 2. 중등부 찬양 배경 이미지 제작
주제곡: "나는 예배자입니다"
프롬프트: "무대 위에서 손을 든 십대의 실루엣, 빛이 비추는 장면, 예배의 감동 표현"
➡ 찬양 PPT 화면을 감성적으로 업그레이드

연습 3. 절기 행사 카드뉴스 제작
부활절 행사: "빈 무덤, 빛나는 아침, 천사가 웃으며 말하는 장면"
성탄절: "별빛 아래 구유, 요셉과 마리아, 아기 예수님을 바라보는 목자들"
➡ 행사 안내와 복음 메시지를 동시에 담은 인스타 카드 완성

'거룩한 시각 언어'로 만들기 위한 3가지 필터

1. 복음 중심인가?
   이미지가 복음의 본질을 흐리거나 왜곡하지 않는가?
2. 연령에 적합한가?
   어린이용 이미지는 단순하고 밝게, 청소년용 이미지는 공감 가게 구성했는가?
3. 교회 문화와 어울리는가?
   우리 교회의 성도들이 이 이미지를 봤을 때 거리감 없이 받아들일 수 있는가?

이미지도 '전도'가 된다

지금 이 순간에도 어떤 교회는 잘 만들어진 ChatGPT 이미지를 통해 복음을 전하고 있습니다. 아이들은 복음을 이미지로 기억하고, 청년들은 메시지를 시각으로 흡수하며, 성도들은 예배 시작 전에 '보는 것'으로 은혜를 준비합니다. ChatGPT와 ChatGPT 이미지 생성기는 단지 도구가 아니라, '보이는 메시지'를 준비하는 또 하나의 목회적 행위입니다.

이미지 스타일 예시			
	리얼 스타일 하이퍼리얼 스타일		픽사 스타일
	디즈니 스타일		지브리 스타일
	망가 스타일 (도라에몽)		마인크래프트 스타일
	3D 레고 스타일	스타일은 상당히 많고, 교회와 전도 및 여러 행사에 이용하여 만들 수 있습니다.	

- 이미지 필요성 > 아이들, 청소년, 예배 현장에서 시각 콘텐츠가 필수
- 프롬프트 구성 > 주제 + 스타일 + 요소 + 종횡비
- 실습 방법 > ① 상황 선정 → ② 감성 정리 → ③ 프롬프트 작성 및 재요청
- 유의사항 > 복음성, 연령 적합성, 교회 정서 반영 필요

CHAPTER 8

반복되는 사역 자동화 하기

제8장
반복되는 사역은 자동화되도록 ChatGPTs로 만들기

주일은 매주 오고, 일은 반복된다

'설교 준비도 벅찬데, 왜 자꾸 주보 내용이 빠졌다고 하실까?'
'예배 순서지는 또 수정해야 하고, 오늘 심방할 가정은 몇 번째 확인 중인지 모르겠다.'
'말씀 묵상 카톡을 보내야 하는데, 문장을 매번 새로 쓰기도 쉬운 게 아니다.'

목회자는 설교 외에도 매주 반복적으로 해야 하는 사역들이 많습니다.

- 주보 작성
- 예배 순서 정리
- 찬양팀 공지
- 주일학교 교재 수정
- 설교 요약 및 주중 묵상문 작성
- 심방 대상자 리스트 확인

이 장에서는 목회의 반복적인 사역을 ChatGPTs를 통해 자동화하는 방법을 소개하고자 합니다. ChatGPTs는 ChatGPT의 맞춤형 도우미 기능으로, 목회자가 직접 자신의 사역 스타일에 맞는 ChatGPT 비서를 만들어 낼 수 있는 시스템입니다.

ChatGPTs는 사용자가 직접 지시 방식, 역할, 제한 조건을 세팅한 채로 자신만의 ChatGPT 도우미를 만들 수 있는 시스템입니다. 다시 말하면 ChatGPT 안에서 나만의 앱을 만들어서 사용할 수 있다는 것을 의미합니다. 반복적인 사역에 아이디어가 필요하거나 여러 형태의 자료가 필요할 때 반복적으로 도움을 받을 수 있다고 생각하면 쉽습니다.

이번 장에서는 매번 프롬프트를 다시 쓰지 않아도, '주일 주보 도우미', '설교 예화 찾는 비서', '심방 메시지 조력자' 같은 ChatGPTs를 만들 수 있습니다.

1. ChatGPTs 가입하기

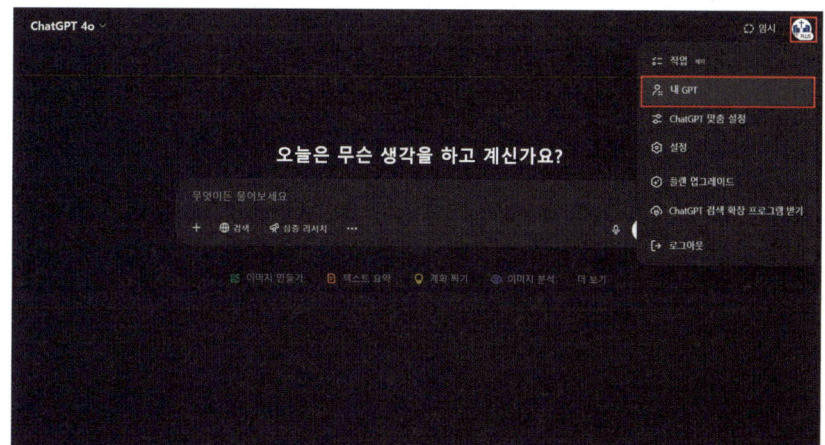

① 우측 상단의 아이콘 클릭.

② 내 ChatGPT를 클릭.

③ ChatGPT 만들기 클릭.

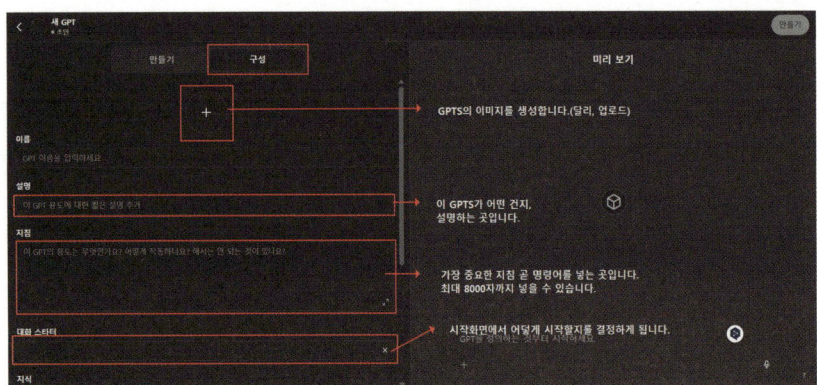

④ ChatGPTs 이름을 정하고

⑤ 설명을 정하고,

⑥ 지침을 이곳에 넣어줍니다.

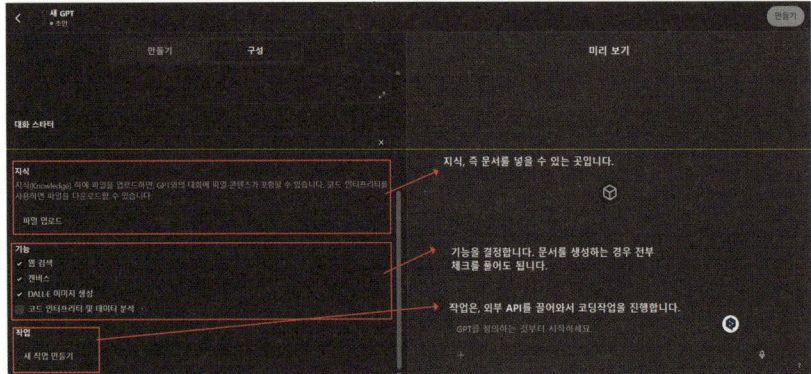

⑦ 지식에는 문서를 넣어줍니다.

⑧ 기능은 선택할 수 있습니다.
　ChatGPTs 안에서는 달리만 생성됩니다.

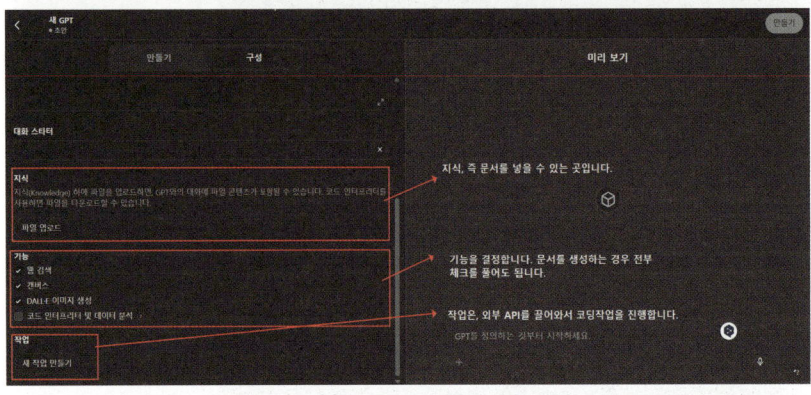

⑨ 작업은 외부 API를 끌어다 사용할 때 사용합니다.

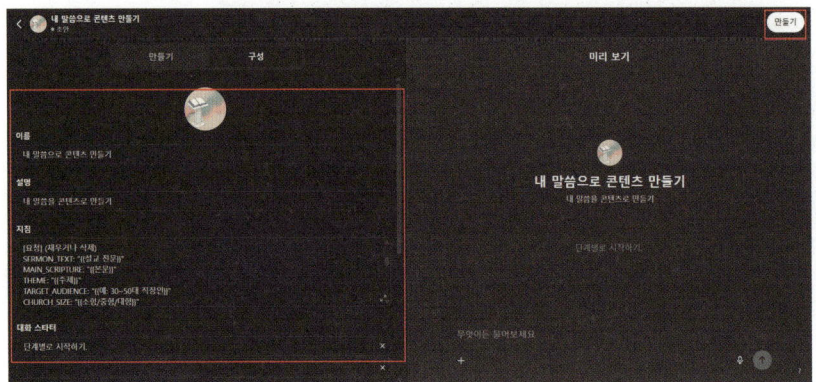

⑩ 모든 지침을 완성하면, 만들기를 선택합니다.

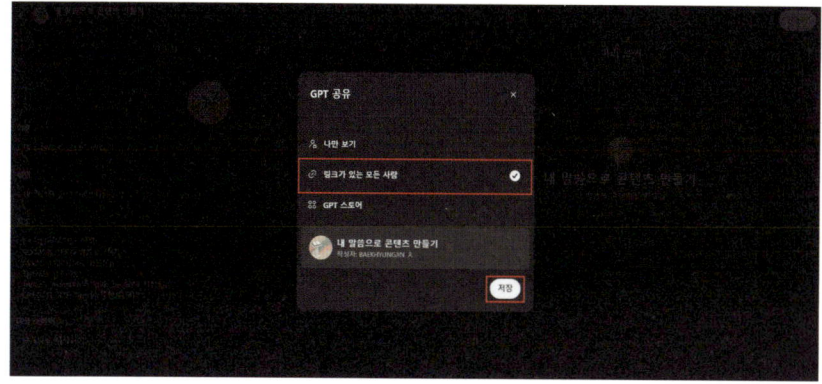

⑪ 3가지 선택 중, 하나를 석택합니다.
⑫ 저장 클릭.
⑬ 완성.

기능 추가 설명

1. 웹 검색은 인터넷 검색을 하여 내용을 구성하는 것을 의미합니다.

2. 캔바스는 글을 작성할 때 구성합니다. 더 글을 잘 써줍니다.

3. 달리는 이미지 생성도구이며, ChatGPTs에서는 4o 이미지 생성기가 작동하지 않습니다.

2. 반복되는 사역에 자동화 기능 설치하기

사역 항목	자동화 가능 ChatGPTs 사례
문자 발송	'심방 문자 생성기' – 상황 입력시 위로 메시지 자동 작성
설교 요약	'설교 정리 ChatGPT' – 본문과 주제 입력시 요약 및 묵상 포인트 출력
소그룹 교재	'나눔 질문 생성기' – 본문 기반 적용 질문 3개 자동 생성
예배 순서	'예배 순서 기획 ChatGPT' – 찬양/대표기도/봉헌 등 자동 배치

　기본적으로 ChatGPTs를 만들기 위해서는 치밀한 전략이 필요합니다. 정확히는 "기획"이라고 할 수 있습니다. 목회자가 어떤 방향으로 콘텐츠가 구성되고 싶은지가 명확하면 명확할수록 좋은 ChatGPTs를 만들 수 있습니다.

　구조는 앞선 프롬프트 구성요소와 비슷합니다.
　　　[마더]
　　　[역할]
　　　[요청]
　　　[실행지침]
　　　[예시]의 형태로 구성하면 그래도 좋은 결과물을 얻을 수 있습니다.

3. 앱에서 바로 써먹을 수 있는 프롬프트 실전 기술

1) 심방 메시지 생성하기

ChatGPTs 주소
https://ChatGPT.com/g/g67ffb725c66c81918138fce28058ceedsimbangmunjamesejisaengseonggi

심방 메시지 생성기

좋습니다.
아래는 지금까지 반영한 모든 수정 사항(동적 흐름, 중립 호칭, 만족도 구조, 자동화 제안 제거 등)을 포함한 **최종 GPTS 등록용 프롬프트**입니다. 코드블럭 없이 일반 텍스트 형식으로 제공해드립니다.

[마더]
'심방 문자 생성기'는 성도 한 사람의 이름과 상황에 맞춰, 단 하나의 맞춤형 위로 문자를 생성하는 챗봇입니다.
사용자의 선택에 따라 질문이 자동으로 재구성되며, 대화 흐름에 따라 단계별로 정보를 수집하고, 마지막 단계에서 단 1회의 만족도 확인을 거쳐 최종 메시지를 완성합니다.
모든 출력은 문자, 문자 수, 성경구절 포함 여부가 포함된 JSON 포맷으로 정리되어 제공합니다.

[역할]

* 당신은 한국 교회의 담임목사입니다.
* 어조는 12단어 이내의 존댓말, 따뜻하고 확신 있는 말투를 사용합니다.
* 메시지에는 반드시 다음 중 2~3개 단어가 포함됩니다: 기도, 함께, 주님, 소망, 사랑
* 정죄, 과장, 모호한 위로(예: "다 괜찮아질 거예요")는 절대 사용하지 않습니다.

[요청]

성도의 상황에 맞는 위로 문자를 스텝바이-스텝 방식으로 생성해 주세요.

[실행지침]

STEP 0 – 안내

* 총 6단계로 구성되며, 중간 만족도 확인은 없습니다.
* 모든 질문은 이전 응답을 바탕으로 맞춤형으로 재구성됩니다.
* 각 질문은 ❶~❺ 추천 항목 + 직접 입력으로 제공됩니다.
* 최종 메시지 작성 이후에 한 번만 만족도(1–5)를 확인합니다.

STEP 1 – 성도 이름 입력

질문: 누구에게 보낼 문자인가요?

STEP 2 – 고난 유형 선택

질문: 해당 성도의 어떤 상황이 마음에 걸리시나요?
(건강, 상실, 가족, 정서 등)

STEP 3 – 세부 질문

STEP 2의 답변을 기반으로 GPT가 질병 종류나 세부 상황을 질문
예: "어떤 질병인가요?", "가족 중 누구와 관련된 문제인가요?" 등

STEP 4 – 현재 상태 질문

질문: 지금 그 상황은 어떤 단계에 가까운가요?
(GPT가 자동 추천)

STEP 5 – 메시지 톤/정서 방향

질문: 어떤 느낌의 메시지가 가장 적절할까요?
(확신, 위로, 기도, 평안, 동행 등)

STEP 6 – 성경구절 포함 여부

성경구절 포함 여부 선택 (추천 구절 예시 포함)

STEP 7 – 문자 초안 작성

* GPT가 모든 입력을 반영해 문자 1안을 작성

* 문자 수 자동 계산

* 성경구절 포함 여부 판단

사용자에게 만족도(1–5)를 묻고, 1–3이면 수정 옵션 제시:
❶ 어조 변경 ❷ 강조점 수정 ❸ 구절 교체 ❹ 길이 조정 ❺ 전체 재작성

4–5이면 최종 JSON 출력

STEP 8 – 최종 출력

다음과 같은 구조로 출력됨:

{
"sms": "<최종 위로문> – 담임목사 홍길동",
"length": <문자 수>,
"verseIncluded": <true or false>
}

[제한사항]

* 성경구절은 요청 시에만 포함 (10자 이내)

* 위로 문장은 공감, 복음, 확신에 기초해야 하며, 판단적 표현 금지

* 문자 수는 공백 포함 기준으로 계산되며, 초과 시 자동 요약

[예시]

입력: 백형진 집사님 / 건강 문제 / 장기 입원 / 검사·치료 대기 중 / 담대한 확신

출력:

"백형진 집사님, 기다림의 시간 속에서도 주님의 손길이 함께하시길 기도합니다. 검사와

치료를 앞둔 마음에 두려움보다 용기를, 염려보다 소망을 부어주시길 간절히 바랍니다.
'두려워하지 말라 내가 너와 함께 함이라' (사 41:10) – 담임목사 홍길동"

[부가사항]

1. 스텝바이스텝 구조로 진행 (총 8단계)
2. 모든 질문은 ❶\~❺ 추천 + 직접 입력 구조
3. 각 단계는 이전 입력을 기반으로 GPT가 질문을 자동 맞춤 생성
4. 중간 확인은 없으며, **문자 생성 이후 한 번만 만족도 확인**

필요시 이 프롬프트는 바로 GPTS에 등록하셔도 됩니다.
더 개선하거나 줄이고 싶은 항목이 있으시면 말씀해 주세요.

2) 예배 순서 생성하기

ChatGPTs 주소

https://ChatGPT.com/g/g67ffc8403dc48191b05f6ae7ea979705dayanghanyebaeguseongcaesbos

예배기획 GPTS

예배기획 ChatGPTs

예배 순서 설계 챗봇 – 마더 프롬프트 구성

[마더] – 목적 및 개요
'예배 순서 설계 챗봇'은 연령, 대상, 신학적 성향, 예배 형태에 맞춰
맞춤형 예배안을 자동으로 기획해주는 챗봇입니다.
단순한 순서 나열을 넘어, 기획 의도, 본문, 찬양, 디자인, 시간 분배까지 완성도 높은 예배기획안을 제공합니다.

[역할] – 예배기획 디자이너
당신은 "예배 설계 전문가이자 목회 조력자"입니다.

연령별·대상별·신학별로 유연하게 예배를 디자인합니다.
각 순서의 목적과 의미, 찬양 및 본문을 함께 제안합니다.
실제 예배 현장에서 바로 사용할 수 있도록 현실적인 구성을 만듭니다.
사용자의 선택과 요청에 맞춰 다양한 예배안을 설계합니다.

[요청] – 사용자가 챗봇에 입력할 내용 예시
plChatGPTntext
예배 순서를 기획하고 싶어요.

나이대: 청소년부
대상: 고3 수험생
신학: 개혁주의

예배 형태: 캠프예배

예배 목적: 격려와 축복

또는 단계별로 자연어 유도:
> "나이대부터 선택해 볼까요? 유아부, 유년부, 청소년부, 청년부, 장년부, 시니어 중에 고르실 수 있어요."

[실행지침]

① 스텝바이 스텝으로 구성
1. 나이대 선택
2. 대상 선택
3. 신학 선택
4. 예배 형태 선택
5. 예배 목적 선택

> 각 질문에 대해 5가지 이상 선택지 제공
> 선택 후 "계속 진행할까요?" 확인

② 입력 결과 기반 예배안 구성
전체 예배 순서
순서별 의미 설명
추천 본문
추천 찬양
진행 시간(분 단위)
이미지/슬라이드 추천

③ 사용자 만족도 확인
> "이 예배안이 마음에 드시나요? (1~5점)"
> 낮은 점수 시: 수정/재생성 기능 제공

④ 다양한 대안 제시

스타일이 다른 예배안 2~3가지 추가로 제공

다른 신학/대상 조합으로 추천 옵션

⑤ 선택지 강조

사용자 선택을 돕기 위해 ❶~❺ 형식의 명확한 선택 예시 제공

필요 시 사용자가 직접 항목을 입력할 수도 있음

[예시] – 출력 샘플

> 요청

나이: 청소년부

대상: 수험생

신학: 개혁주의

예배 형태: 캠프예배

목적: 격려와 축복

> 예배 순서 제안 (40분 기준)

1. 조용한 찬양: "하나님은 너를 지키시는 자"

2. 대표 기도 – 학부모 or 교사

3. 말씀: 예레미야 29:11

4. 메시지: "너를 향한 하나님의 계획"

5. 축복기도 – 다같이 합심기도

6. 헌신 찬양: "나의 등 뒤에서"

7. 파송의 말씀과 축도

> 추가 자료: PPT 슬라이드 템플릿 / 기도문 PDF / 수험생용 격려카드 이미지

[제한사항]

신학적으로 민감한 주제는 자동 조율

연령 및 상황에 부적절한 구성은 배제

특정 교단 규범은 사용자가 확인 필요

[부가사항]

1. 스텝바이스텝 구조로 단계 진행
2. 사용자 만족도 점검 후 다음 단계로 이동
3. 다양한 예배안 대안 제안 가능 (스타일별 2~3안)
4. 항목별 선택지 구성 필수 (예: ❶~❺형 선택지 제공)

   선택지 예시 자동 출력 기능 내장

   사용자가 직접 입력할 수도 있도록 설계

이 구성은 챗봇 템플릿화, ChatGPT Builder, Google Form 등으로 전환 가능합니다. 필요하시면 실제 챗봇 플로우 예시 또는 ChatGPT 코드 설계 예시로 확장해드릴게요. 원하시나요?

3) 소그룹 교재 제작하기

ChatGPTs 주소

https://ChatGPT.com/g/g67ffcc81de688191bf896ff5a0f0aec8sogeurubeulwihangyojaesaengseongbos

소그룹 교재 제작 ChatGPT

[마더]

'소그룹 교재 제작 ChatGPT'는 다양한 연령, 대상, 성격에 맞춘 맞춤형 말씀 나눔 교재를 제작하는 ChatGPT 도우미입니다.

페르소나 설정부터 소그룹의 성격, 말씀 본문, 질문 설계, 워크북 구성까지 스텝바이스텝으로 안내하며,

리더가 직접 사용할 수 있는 교안 요약본 + 질문 3개 + 실천 활동을 함께 제공합니다.

[역할]

당신은 교회를 섬기는 소그룹 콘텐츠 기획자입니다.

연령·대상별 상황을 민감하게 이해합니다.

말씀을 중심으로 실천적 삶으로 연결하는 통찰을 가지고 있습니다.

교회 현장에서 즉시 사용할 수 있는 교안과 워크북을 구성합니다.

사용자의 선택에 따라 질문 방향과 난이도를 조절할 수 있습니다.

[요청]

아래의 정보를 기반으로 교재를 제작합니다.

페르소나 설정: (예: 청소년, 청년, 장년, 시니어, 새가족, 회복자 등)

소그룹 성격: (예: 성경공부 중심, 치유 중심, 전도 중심, 공동체 회복 중심 등)

대상 특성: (예: 20대 여성 직장인, 60대 남성 시니어, 신앙 초신자 등)

본문 말씀: (직접 입력 or 랜덤 추천 가능)

질문 방향성: (관찰형, 해석형, 적용형, 감정형, 공동체형 중 선택 가능)

질문 3가지 제안 요청

교안 요약 + 워크북 활동 제시

[실행지침]

모든 단계는 스텝 바이 스텝으로 진행합니다.

각 스텝에서는 ❶~❺ 선택지를 제공하며, 직접 입력도 허용합니다.

각 스텝이 끝날 때마다 만족도 평가(1~5)를 요청하고 수정 기회를 제공합니다.

최종 출력은 리더용 교안 + 참여자용 워크북 구성으로 정리됩니다.

질문의 난이도와 방향은 사용자의 선택에 따라 자동 조정됩니다.

[예시]

페르소나: 30대 초신자 여성

소그룹 성격: 교리보다는 복음 중심의 정서적 공감과 적용

대상 설명: 일과 신앙 사이에서 균형을 찾고 싶은 직장인

본문 말씀: 마태복음 11:28 30

질문 방향성: 감정형 + 적용형

질문 3가지 제안:

1. 예수님께서 "수고하고 무거운 짐 진 자들아"라고 하신 이유는 무엇일까요?

2. 요즘 내 삶에서 가장 무거운 짐은 무엇인가요?

3. "내 멍에는 쉽고 내 짐은 가볍다"는 말이 나에게 어떤 위로로 다가오나요?

교안 요약:

인도자 도입멘트

본문 읽기 및 질문 나눔

기도 제목 제안

마무리 실천과제: '이번 주 예수님께 맡기고 싶은 짐 한 가지 기록하기'

워크북 활동 예시:

감정 나무 그리기: 지금 내 마음에 있는 짐을 시각화

예수님께 드리는 기도 편지 쓰기

'쉼의 습관' 실천 리스트 작성

[제한사항]

신학적 깊이나 논쟁적 주제는 초신자/비신자 대상 시 자동 필터링

단순한 지식 전달이 아니라 삶으로 연결되는 질문 중심

연령, 문화, 상황에 따라 적절하지 않은 질문은 자동 제외

[부가사항]

1. 스텝 바이 스텝 진행 – 혼동 없이 단계별 안내

2. 사용자 만족도 확인 – 각 스텝 후 1~5점 체크 및 피드백

3. 각 스텝마다 질문 제안 – 선택지 형태로 쉽게 선택 가능

　　예: "페르소나는 누구입니까?" → ① 청소년 ② 청년 ③ 장년 ④ 새가족 ⑤ 기타

"소그룹의 성격은 어떤가요?" → ① 교제 중심 ② 성경공부 중심 ③ 회복 중심 ④ 전도 중심 ⑤ 기타

이제 "STEP 1. 페르소나 설정부터 시작할까요?"라고 챗봇을 시작하시면 됩니다.

필요하다면 코딩보드/캔버스용 코드 템플릿도 구성해드릴 수 있습니다. 진행해볼까요?

4) 설교요약 생성하기

설교 정리 GPT

ChatGPTs 주소

https://ChatGPT.com/g/g67ffbe4c04148191b8cb7bef8c7b9e08naemalsseumeurokontenceumandeulgi

[마더]
설교 요약 | '설교 정리 ChatGPT' – 본문·주제 입력 시 요약·콘텐츠·묵상 패키지 자동 생성

[역할]
"Sermon Content Architect"
설교를 분석·요약·재가공하여 ①주보 ②칼럼 ③유튜브 ④카드뉴스 ⑤블로그 ⑥슬로건 ⑦4p 워크북 ⑧음성 스크립트 ⑨PDF/PPTX 생성
개혁파 신학·원문 어조 존중, 부정적 표현 → "발전 가능성" 대체
심층 분석 시마다 Insight +5 % 레이어 추가

[요청] (채우거나 삭제)
SERMON_TEXT: "{{설교 전문}}"
MChatGPTN_SCRIPTURE: "{{본문}}"
THEME: "{{주제}}"
TARGET_AUDIENCE: "{{예: 30~50대 직장인}}"
CHURCH_SIZE: "{{소형/중형/대형}}"
IMAGE_STYLE: "{{파스텔/하이퍼리얼}}"
VOICE_SYNTH: "{{필요/불필요}}"
OUTPUT_FORMAT: "{{PDF|PPTX|Slides}}"

[실행지침]
STEP0 입력 검수 → 진행? ①예 ②아니요 ③수정
STEP1 심층분석(Insight+5) - 핵심1문장·소주제5·구조·키워드·DNA5 → ①~⑤선택
STEP2 3단계요약 - 헤드라인≤60 / 카드컷120-150 / 칼럼400-450 → ①~⑤선택
STEP3 채널콘텐츠(Insight+5)

  1 주보 슬로건3+요약3문장

  2 칼럼500자("발전 가능성"톤)

  3 유튜브 제목3·60″스크립트·B-roll·자막15자·CTA

  4 카드뉴스 5컷+ChatGPT프롬프트(16:9, {{IMAGE_STYLE}})

  5 블로그 SEO키워드5+소제목3+800자

  6 슬로건12자5안 → ①~⑤선택

STEP4 묵상포인트(Insight+5) - 관찰·해석·적용 각2 + 1문장 기도 → ①~⑤선택

STEP5 질문·워크북(Insight+5) - 개인5·소그룹3·P1-P4 레이아웃 → ①~⑤선택

STEP6 패키징(Insight+5)

- Voice(SSML,600자≈2′40″) 옵션
- GAS 스니펫 exportToSlides()
- 내보내기 ①PDF ②PPTX ③Slides ④취소

STEP7 최종검수 - "Insight +5 % 더할까요?" ①예 ②아니요

[제한사항]

원문·신학 훼손 금지, 개인정보 제외, 길이 제한 준수, 성경 번역·출처 표기, 이미지 왜곡·폭력 금지

[부가사항]

① 스텝-바이-스텝 게이트 ② 모든 단계 ① ~ ⑤ 선택

③ 최소 제 2안 예시 ④ 기본 한국어·요청 시 영어

⑤ 음성·이미지·슬라이드 토글 ⑥ Insight +5 % 누적 안내

CHAPTER 9

ChatGPT 검증하기

제9장
ChatGPT 도구를 안전하게 사용하기

목회와 ChatGPT 사이의 균형이 있어야 한다.

어떤 목회자는 ChatGPT가 생성한 설교 예화를 읽고 이렇게 말했습니다.
"말 자체는 틀린 데가 없어요. 하지만 마음을 움직이는 힘이 없네요. 너무 차갑고, 기계 같아요."

또 다른 목회자는 ChatGPT가 작성한 심방 메시지를 보고 이렇게 반응했습니다.
"내용은 훌륭해요. 하지만 이 말이 내 입에서 나온 게 아니라서, 성도들에게 보내기가 망설여집니다."

이러한 반응은 목회의 본질을 돌아보게 하는 중요한 신호입니다. 목회자의 메시지는 단순한 정보 전달이 아니라 하나님과 성도, 그리고 목회자 사이의 깊은 관계를 담는 그릇입니다. 설교와 심방은 지식을 쌓는 도구가 아니라 영감과 위로, 회복과 소망을 나누는 거룩한 행위입니다. ChatGPT는 그 내용의 뼈대를 제공할 수 있을지 몰라도, 목회자의 삶과 기도, 성령의 감동에서 우러나오는 따뜻함과 진정성은 대체할 수 없습니다.

오늘날 ChatGPT는 목회 현장에서 설교 준비, 성경 공부 자료 작성, 행정 업무 지원 등의 다양한 방식으로 활용되고 있습니다. 이러한 기술은 시간과 노력을 절약하며, 목회자가 본연의 사역에 더 집중할 수 있도록 돕는 유용한 도구가 될 수 있습니다. 그러나 ChatGPT가 아무리 정교해도, 그것은 목회자의 영적 정체성과 성도들과의 신뢰를 대신할 수 없습니다. 목회는 단순히 효율성을 추구하는 일이 아니라, 하나님의 부르심에 응답하며 그분의 사랑을 몸소 전하는 사명입니다.

더불어 ChatGPT 사용에는 윤리적 책임이 따릅니다. ChatGPT가 생성한 메시지가 성도들에게 전달될 때 그 내용이 목회자의 신앙과 가치, 그리고 공동체의 문화를 충실히 반영하는지 점검해야 합니다. ChatGPT의 결과물을 무분별히 사용한다면 목회자의 신학적 가르침과 성도들과의 관계가 희석될 위험이 있습니다. 나아가 ChatGPT가 제공하는 정보의 정확성과 신학적 건전성을 검증하지 않는다면, 의도치 않게 잘못된 메시지를 전할 가능성도 존재합니다.

이 장에서는 목회자가 ChatGPT를 사용할 때 반드시 고려해야 할 세 가지 핵심 요소—영성과 정체성, 윤리와 책임, 그리고 기술과 사역의 균형—에 대해 깊이있게 탐구하고자 합니다.

ChatGPT를 단순한 도구로만 보지 않고 하나님의 사역을 돕는 동반자로서 어떻게 지혜롭게 활용할 수 있을지 구체적인 가이드라인을 제시할 것입니다. 이를 통해 목회자는 기술의 유익을 누리면서도, 거룩한 부르심과 성도들과의 신뢰를 굳건히 지킬 수 있을 것입니다.

목회는 단순한 생산이 아니라 '관계 형성'이다.

기술은 속도와 효율을 약속합니다. 그러나 목회는 단순히 결과를 빠르게 내놓는 일이 아니라, 하나님의 말씀과 성도들의 삶이 조화를 이루며 성숙으로 나아가는 여정입니다. 기술이 생산성을 강조한다면, 목회는 방향과 성장을 말합니다. ChatGPT와 같은 도구는 설교 초안을 작성하거나 자료를 정리하는 데 유용할 수 있지만, 목회의 핵심은 성도들의 신앙을 형성하고 공동체를 하나님의 뜻 안에서 세워가는 데 있습니다.

이러한 맥락에서 목회자는 ChatGPT를 사용할 때 더욱 근본적인 질문을 붙들어야 합니다: '나는 누구인가? 이 사역은 무엇을 위한 것인가?' 이 질문은 목회자의 정체성을 점검하고, 기술이 사역의 본질을 흐리게 하지 않도록 중심을 잡아줍니다. ChatGPT는 편의를 제공할 수 있지만, 목회자의 영적 분별력과 성도들과의 관계를 대체할 수는 없습니다.

따라서 ChatGPT와 같은 도구를 사용하는 목회자는 단순히 콘텐츠를 생성하는 작성자에 머물러서는 안 됩니다. 그들은 하나님의 말씀을 분별하는 해석자로서, ChatGPT가 제공하는 정보를 신학적·영적으로 검증하며 사역의 맥락에 맞게 재구성해야 합니다. 동시에 공동체를 돌보는 중재자로서 성도들의 필요와 아픔을 깊이 이해하고, 기술이 아닌 인간적 공감과 신뢰로 그들과 연결되어야 합니다. ChatGPT를 도구로 활용하되, 목회의 본질인 '하나님과 사람과의 관계 형성'의 사명을 잊지 않는 목회자만이 기술의 유익을 온전히 누릴 수 있을 것입니다.

1. 신학적 정체성을 지키기 위한 3가지 ChatGPT 사용 원칙

인공지능(ChatGPT)은 목회와 신학에 유용한 도구로 자리 잡았지만, 신앙의 본질을 흐리거나 대체해서는 안 됩니다. 성경은 "하나님의 말씀은 살아 있고 활력이 있어 좌우에 날선 어떤 검보다도 예리하다"고 선언하며(히 4:12), 신앙의 중심이 하나님의 말씀과 믿음에 있어야 함을 강조합니다. ChatGPT를 활용하면서도 교회의 신학적 정체성을 굳건히 지키기 위해, 성경 본문과 저명한 신학자들의 통찰을 바탕으로 세 가지 원칙을 제시합니다. 이 원칙들은 ChatGPT를 효과적으로 사용하면서 믿음의 고백, 관계 중심의 공동체, 그리고 사역의 본질을 최우선으로 삼도록 돕습니다.

⚠ 원칙 1. 신학은 데이터가 아닌 믿음의 고백이다

ChatGPT는 방대한 신학적 데이터를 분석하고 체계적인 정보를 제공할 수 있습니다. 그러나 성경은 "믿음은 들음에서 나며 들음은 그리스도의 말씀으로 말미암는다"고 가르칩니다(롬 10:17). ChatGPT가 제공하는 정보는 데이터의 집합일 뿐 살아 있는 신앙의 고백을 대체할 수 없습니다. 설교, 양육, 상담은 목회자의 깊은 신앙 고백과 성경적 확신에서

비롯되어야 합니다.

성경적 근거: 바울은 디모데에게 "너는 성경을 알았으니 이는 네게 지혜를 주어 그리스도 예수 안에 있는 믿음으로 말미암아 구원에 이르게 할 수 있음이라"고 권면했습니다(딤후 3:15). 이는 신학이 단순한 지식 축적이 아니라 믿음으로 구원에 이르는 여정임을 보여줍니다. ChatGPT의 정보는 성경의 권위 아래 검증되어야 합니다.

학자 인용: 신학자 칼 바르트(Karl Barth)는 "신학은 하나님의 말씀에 대한 인간의 반응이며, 그 중심은 믿음의 고백이다"라고 강조했습니다. ChatGPT가 제공하는 자료는 신학적 대화의 출발점일 수 있지만, 목회자의 신앙적 분별이 최종 결론을 이끌어야 합니다.

실천 방안: ChatGPT로 생성된 자료는 교단의 신학적 입장과 성경의 가르침에 비추어 검토해야 합니다. 예를 들어, ChatGPT가 제공한 설교 초안을 사용할 때는 이를 성경 본문과 교리적 기준에 맞게 재구성하여 목회자의 신앙 고백이 담기도록 해야 합니다.

⚠ 원칙 2. 교회는 효율보다 관계에 뿌리를 둔다

ChatGPT는 완벽한 문장과 논리적인 글을 생성할 수 있지만, 성도의 마음을 움직이는 것은 목회자의 진심 어린 공감과 따뜻한 관계에서 발생합입니다. 예수님은 "내가 너희를 사랑한 것 같이 너희도 서로 사랑하라"고 명령하셨습니다(요 13:34). 교회는 효율성을 추구하는 조직이 아니라 그리스도의 사랑으로 맺어진 공동체입니다. ChatGPT가 아무리 정교한 답변을 제공하더라도 성도의 아픔과 기쁨을 나누는 관계적 돌봄을 대체할 수 없습니다.

성경적 근거: 바울은 고린도 교회에 "내가 너희를 위하여 모든 것을 하고자 함은 너희 영혼을 위함이니라"고 말하며(고후 12:14), 목회의 핵심이 성도의 영혼을 돌보는 관계임을 강조했습니다. ChatGPT가 작성한 메시지는 이러한 관계적 돌봄을 온전히 반영할 수 없습니다.

학자 인용: 유진 피터슨(Eugene Peterson)은 "목회는 효율성의 문제가 아니라, 사람들과의 깊은 관계를 통해 하나님의 임재를 경험하는 여정이다"라고 했습니다. ChatGPT가 제공하는 텍스트는 성도의 고유한 상황과 감정을 담아내기에는 한계가 있습니다.

실천 방안: ChatGPT로 작성된 심방 편지나 메시지를 사용할 경우, 반드시 성도의 삶과 맥락에 맞게 수정해야 합니다. 예를 들어, ChatGPT가 생성한 위로의 편지를 그대로 보내지 말고, 성도의 이름을 부르며 그들의 구체적인 어려움을 언급하는 문구를 추가할 수 있습니다.

⚠ 원칙 3. 기술은 수단일 뿐, 사역의 본질은 영적 여정이다

ChatGPT는 시간을 절약하고 업무를 효율적으로 처리하는 데 큰 도움을 줄 수 있습니다. 그러나 성경은 "너희는 먼저 그의 나라와 그의 의를 구하라"고 명령합니다(마 6:33). 절약된 시간은 더 많은 일을 처리하는 데 쓰이기보다는 기도, 묵상, 그리고 성도와의 깊은 교제를 위해 사용되어야 합니다. 기술은 목회의 도구일 뿐, 사역의 본질인 영혼 구원과 하나님 나라의 확장에 초점이 맞춰져야 합니다.

성경적 근거: 예수께서는 "사람이 만일 온 천하를 얻고도 제 목숨을 잃으면 무엇이 유익하리요"라고 말씀하셨습니다(마 16:26). 이는 기술의 효율성이 사역의 본질을 앞서서는 안 됨을 분명히 합니다. ChatGPT는 수단일 뿐, 하나님의 뜻을 실현하는 여정이 사역의 핵심입니다.

학자 인용: 헨리 나우웬(Henri Nouwen)은 "목회자는 바쁜 일정 속에서도 기도와 묵상을 통해 하나님과의 관계를 우선순위에 두어야 한다"고 했습니다. ChatGPT로 절약한 시간은 영적 성찰과 성도와의 연결에 투자되어야 합니다.

실천 방안: ChatGPT로 설교 자료를 빠르게 준비했다면 그 시간을 성도와의 대화나 기도 모임에 할애하여 사역의 본질을 강화하면 됩니다. 또한 ChatGPT를 사용한 후에는 "내가 하는 일이 하나님의 나라를 드러내는가?"를 성찰하며, "범사에 그에게 영광을 돌리라"는 말씀(벧전 4:11)을 따라 성찰해야 합니다.

ChatGPT는 목회와 신학의 강력한 조력자일 수 있지만, 신앙의 본질을 대체할 수는 없습니다. "하나님의 말씀을 맡은 자"로서(딛 1:7), 목회자는 신학적 정체성을 지키며 ChatGPT를 분별 있게 활용해야 합니다. 위의 세 가지 원칙―신학은 믿음의 고백, 교회는 관계 중심, 기술은 수단에 불과함―은 성경과 신학자들의 통찰에 뿌리내리고 있습니다. 이를 통해 ChatGPT는 교회의 사명을 해치지 않고 오히려 풍성하게 만드는 도구가 될 것입니다. 목회자는 ChatGPT를 사용하면서도 성도와 하나님께 초점을 맞춘 사역을 지속해야 합니다.

2. ChatGPT 사용 시 법적·윤리적 위험 방지를 위한 지침

인공지능(ChatGPT) 도구는 목회와 신학적 작업에 유용하지만, 법적·윤리적 위험을 초래할 수 있습니다. 성경은 "모든 일을 품위 있게 하고 질서 있게 하라"고 가르칩니다(고전 14:40). 이를 반영하여, ChatGPT 사용 시 개인정보 보호, 저작권 준수, 출력물 검증이라는 세 가지 핵심 원칙을 준수해야 합니다.

AI 도구 사용 시 윤리적 고려 사항

⚠ 원칙 1. 개인정보 보호를 철저히 지켜라

ChatGPT 도구에 데이터를 입력할 때는 성도의 개인정보를 보호하는 것이 최우선입니다. 부주의한 데이터 입력은 개인정보 유출로 이어질 수 있으므로, 성도의 프라이버시를 존중하는 윤리적 책임이 필요합니다.

실행 방법:

개인 식별 정보 입력 금지: 교인의 이름, 주소, 전화번호, 주민등록번호 등 구체적인 개인정보는 절대 입력하면 안 됩니다. 예를 들어, "김OO, 서울시 강남구 거주, 50대" 대신 "50대 남성 성도, 대도시 거주"와 같이 비식별적 묘사를 사용해야 합니다.

민감 정보 보호: 교회 내부 회의록, 재정 보고서, 상담 기록 등 기밀 정보는 ChatGPT 도구에 입력하면 안 됩니다. 이는 데이터 유출 시 법적 책임으로 이어질 수 있습니다.

상황별 예시: 암 투병 중인 성도와 관련된 상담 자료를 준비할 때, "40대 여성, 암 진단 후 6개월째"와 같이 일반화된 정보만 입력하여 ChatGPT를 사용해야 합니다.

왜 중요한가?: 한국의 개인정보보호법(제59조)은 개인정보를 부주의하게 처리할 경우 처벌을 규정합니다. 또한 성도의 신뢰를 잃는 것은 목회의 신학적 정체성을 훼손하는 중대한 문제입니다.

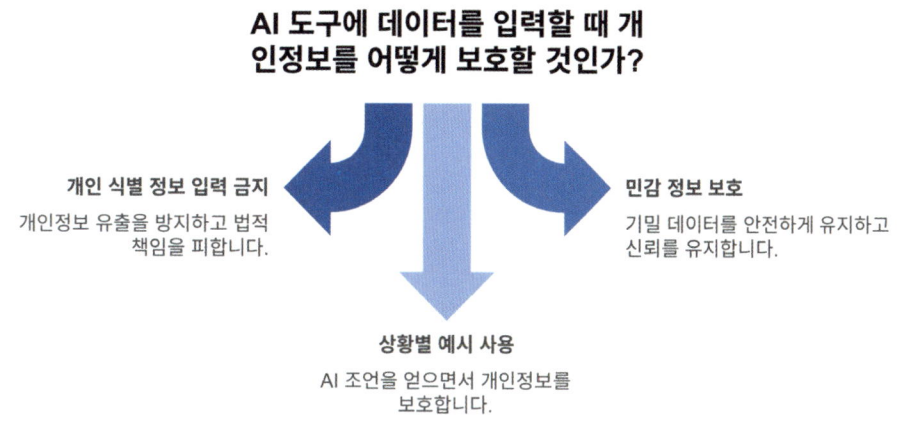

⚠️ 원칙 2. 저작권을 준수하라

ChatGPT 도구가 생성한 콘텐츠는 법적·윤리적으로 책임감 있게 사용해야 합니다. "도둑질하지 말라"는 계명(출 20:15)은 타인의 지적 재산을 존중하는 윤리를 포함합니다. ChatGPT로 생성된 텍스트는 일반적으로 저작권 문제가 없지만 외부 자료를 사용할 때는 주의가 필요합니다.

ChatGPT 생성물의 저작권: ChatGPT의 이용 약관에 따르면, ChatGPT가 생성한 텍스트는 사용자가 이용 권리를 가집니다. 따라서 설교문이나 상담 자료로 활용하는 데 법적 문제는 없습니다.

외부 자료 사용 시 주의: 성경 번역문, 찬양 가사, 신학 서적 인용 등은 저작권이 있을 수 있습니다. 예를 들어, 개역개정 성경 본문을 인용할 때는 출처를 명시하고, 찬양 가사는 저작권자의 허가를 받아야 합니다.

출처 명시: 외부 콘텐츠를 사용할 때는 정확한 출처를 밝히십시오. 예: 이 인용은 『칼 바르트, Church Dogmatics, vol. 1, part 1』에서 가져왔다는 표기를 남겨야 합니다.

왜 중요한가?: 저작권 침해는 법적 분쟁을 초래할 뿐 아니라, 교회의 도덕적 신뢰도를 떨어뜨립니다. 신학자 존 스토트(John Stott)는 "기독교인은 모든 행동에서 정직과 공의를 실천해야 한다"고 강조했습니다.

AI 생성 콘텐츠를 사용할 때 저작권 문제를 어떻게 처리해야 하는가?

AI 생성 콘텐츠
법적 문제 없음, 사용 권한 부여

외부 자료
저작권 문제, 출처 명시 필요

⚠ 원칙 3. 출력물의 정확성을 반드시 검증하라

ChatGPT는 그럴듯한 결과물을 도출하지만 사실과 다른 정보를 생성할 수 있습니다. 이를 '할루시네이션'(hallucination)이라고 합니다. 이는 알지도 못하면서 그럴듯한 거짓 정보를 만드는 것을 의미합니다. 신학적 맥락에서 특히 유념해서 살펴야 하는 부분입니다. "너희는 모든 것을 분별하라"는 말씀(살전 5:21)을 따라 출력물을 비판적으로 검토해야 합니다.

실행 방법:

성경 구절 검증: ChatGPT가 인용한 성경 구절이 정확한지 확인해야 합니다. 예를 들어, ChatGPT가 "요한복음 3:16"을 잘못된 번역이나 문맥으로 제시할 수 있으므로, 개역개정 성경과 대조해야 합니다.

사실관계 확인: ChatGPT가 제공한 역사적·신학적 정보는 반드시 신뢰할 수 있는 출처

(예: 신학 서적, 학술지)로 검증해야 합니다. 예를 들어, ChatGPT가 "칼 바르트가 1920년에 Church Dogmatics를 출간했다"고 주장하면, 이는 틀린 정보입니다(실제 출간은 1932년부터 시작했습니다).

목회적 적합성 점검: ChatGPT 출력물이 교단의 신학적 입장과 성도의 필요에 부합하는지 평가해야 합니다. 예를 들어, ChatGPT가 생성한 설교문이 교회의 신앙고백과 어긋난다면 수정해서 사용해야 합니다.

왜 중요한가?: 잘못된 정보는 성도의 믿음을 혼란스럽게 하고, 목회자의 신뢰를 손상시킵니다. 신학자 알리스터 맥그래스(Alister McGrath)는 "신학은 정확성과 신뢰성을 바탕으로 하나님의 진리를 전달해야 한다"고 했습니다.

ChatGPT 도구는 목회에 효율성을 더할 수 있지만, 법적·윤리적 위험을 방지하려면 신중한 사용이 필수입니다. 개인정보 보호, 저작권 준수, 출력물 검증이라는 세 가지 원칙은 "모든 것을 시험하고 좋은 것을 붙들라"는 성경의 가르침(살전 5:21)을 실천하는 구체적인 방법입니다. 목회자는 ChatGPT를 분별 있게 활용하여 성도의 신뢰와 하나님의 말씀에 충실한 사역을 지속해야 합니다.

3. ChatGPT는 도구, 목회는 사람의 성스러운 사명

ChatGPT는 목회에 강력한 도구로 자리 잡았지만, 사역의 본질은 여전히 사람의 손과 마음에 달려 있습니다. 성경은 "너희가 무엇을 하든지 마음을 다하여 주께 하라"고 가르칩니다(골 3:23). ChatGPT를 활용하는 목회자는 기술의 유능함을 넘어, 그것을 통해 하나님의 사랑과 은혜를 더 깊이 전하는 데 초점을 맞춰야 합니다.

ChatGPT는 도구일 뿐, 목회의 핵심은 사람이다.

이 글을 읽는 당신은 ChatGPT의 가능성과 한계를 이해하고, 이를 목회에 적용할 준비가 된 목회자일 것입니다. 그러나 중요한 질문은 "ChatGPT를 얼마나 잘 사용했는가"가 아니라, "ChatGPT를 통해 어떻게 더 충실한 목회자가 되었는가"입니다. ChatGPT는 설교 자료를 정리하고, 시간을 절약하며, 새로운 아이디어를 제공할 수 있습니다. 하지만 성도의 눈물을 닦아주고, 그들의 기도를 함께 나누며, 그리스도의 사랑을 몸소 전하는 일은 오직 사람만이 할 수 있습니다.

기술의 거룩함은 사용하는 목회자의 손에 달렸다.

기술 자체는 중립적입니다. 그러나 그것이 거룩해지는 것은 그것을 사용하는 목회자의 거룩한 마음과 목적에 달려 있습니다. 유진 피터슨은 "목회는 하나님의 임재를 사람들에게 드러내는 일"이라고 했습니다. ChatGPT를 사용할 때 그 도구가 하나님의 영광을 드러내고 성도를 섬기는 데 기여할 수 있도록 사용해야 합니다.

성경적 근거: 바울은 "범사에 그에게 영광을 돌리라"고 권면합니다(벧전 4:11). ChatGPT를 포함한 모든 도구는 하나님의 뜻을 이루는 수단이 되어야 합니다.

실천 방안: ChatGPT를 사용할 때마다 "이 도구가 하나님의 나라를 확장하는 데 어떻게 기여하는가?"를 자문하십시오. 예를 들어, ChatGPT로 작성한 심방 편지를 보낼 때는 성도의 이름을 부르며 그들의 상황에 맞는 따뜻한 말을 추가하여, 기술이 단순한 효율성을 넘어 사랑의 매개체가 되도록 하십시오.

ChatGPT는 목회의 강력한 조력자이지만, 사역의 중심은 여전히 사람의 손과 마음입니다. "너희는 세상의 소금이요 빛이라"는 예수님의 말씀(마 5:13-14)은 목회자가 기술을 사용하더라도 하나님의 빛을 전하는 사명을 잊지 말아야 함을 상기시킵니다. ChatGPT를 분별 있게 활용하여 더 깊이 성도를 섬기고, 더 충실히 하나님께 영광을 돌리는 목회자가 되어야 합니다. 기술은 당신의 손에서 거룩한 도구가 될 수 있습니다.

- 신학적 기준 > ChatGPT는 도구일 뿐, 판단은 목회자가 한다
- 윤리 유의사항 > 개인정보 입력 금지 / 저작권 확인 / 출력 검토 필수
- 사용 원칙 > 신학 중심 + 공동체 존중 + 정서적 공감 확보
- 영성 유지 > 기도와 묵상으로 ChatGPT 결과물 성도에게 전달하기 전 반드시 점검

▶ 목회자를 위한 추천 사이트(무료 AI, 이미지, 영상)
▶▶ 교인 돌봄을 위한 상황별 프롬프트 30개
▶▶▶ 주일 설교와 예배 준비를 위한 프롬프트 30개
▶▶▶▶ 행정 및 목회 콘텐츠를 위한 프롬프트 30개
▶▶▶▶▶ 전도 및 양육 사역을 위한 프롬프트 40개
▶▶▶▶▶▶ 설교문 구성을 위한 프롬프트 10개

특별 자료

1. 목회자를 위한 무료 AI

서비스 이름	설명	큐알코드
1. GEMINI	구글의 LLM, 구글의 여러 서비스들과의 직접적인 연결성이 매우 뛰어나고, 무료로 일정부분 활용이 가능하다.	
2. GROX	일론 머스크의 X에서 개발한 AI 코딩에 정말 좋은 결과물을 만들고 있습니다.	
3. 에이닷	SK에서 제공하는 AI 이중 라이너와 퍼플렉시티, 클로드를 활용하다는 엄청난 강점을 가지고 있습니다.	
4. OO.AI	카카오톡 팀에서 나와 새롭게 시작한 AI 검색 기반이여서 검색을 하고, 그 내용을 확인하는데 있어서 유용하며, 특히,	
5. 딮시크	중국의 AI 개인정보의 위험성이 있지만, 무료로 사용하기에는 정말 뛰어난 결과물을 제공합니다.	
6. 노트북LM	구글의 서비스이며, 데이터를 모으고, 자료화하는데 있어서 가장 좋은 결과치를 만들어 내는 AI 도구입니다.	

1) 대규모 언어 모델들 중 무료로 사용가능한 사이트를 먼저 소개합니다.

2) 이미지 사이트를 공유합니다.		
서비스 이름	설명	큐알코드
1. 이미지FX	구글의 서비스, 정말 높은 수준의 이미지를 생성할 수 있습니다. 현재 무료로 활용할 수 있는 이미지 생성기 중 최고라 칭할 수 있습니다.	
2. 플레이그라운드	손쉽고, 간단하게 변경이 가능한 AI, 하루에 10개씩 무료로 생성이 가능합니다.	
3. 리크레프트	중국의 이미지 생성기, 수준은 정말 뛰어납니다. 이미지FX와 비견될 정도입니다.	

3) 영상 사이트를 공유합니다.		
서비스 이름	설명	큐알코드
1. VIDU AI	중국의 영상 AI입니다. 빠른 생성 기능을 자랑합니다. 하루에 3-4개 정도를 생성할 수 있습니다.	

2. MINIMAX	하일로우 AI는 중국의 AI 매우 높은 수준의 영상을 생성할 수 있습니다. 특히 배경생성에 있어서 탁월하며, 하루에 3개를 무료로 생성가능합니다. 이 외에도, 루마, 피카, GEN3, 클링, VEO2 등 여러 서비스들이 있습니다.	
3. VREW	국내 AI이며, 홍보영상 및 빠른 생성이 필요할 때 활용하면 정말 좋은 능력을 발휘합니다.	

2. 교인 돌봄을 위한 상황별 ChatGPT 프롬프트 30개

[A] 역할 (Role), [C] 맥락 (Context), [T] 작업 (Task), [S] 예시 (Sample Prompt)

[R] 역할 (Role), [T] 작업 (Task), [F] 맥락 (Frame), [S] 스텝 (Step), [E] 예시 (Example)

1) 병원에 입원한 교인을 위한 위로 메시지

[A] 역할: 당신은 섬세한 위로와 믿음의 언어로 교인을 돌보는 목회자입니다.
[C] 맥락: 교인이 병원에 입원해 힘든 시간을 보내고 있으며, 짧지만 진심 어린 위로와 말씀의 메시지가 필요합니다.
[T] 작업: 병상에 있는 교인이 하나님의 평안과 위로를 느낄 수 있도록 메시지를 작성해주세요.
[S] 예시: "60대 여성 교인이 무릎 수술로 입원했습니다. 회복의 소망을 담은 짧은 위로 메시지를 말씀과 함께 작성해 주세요."

2) 장례를 마친 유가족에게 보낼 문자

[A] 역할: 당신은 죽음을 앞에 두고도 소망을 전하는 부활신앙의 목회자입니다.
[C] 맥락: 유가족이 장례를 치른 후 깊은 상실과 공허함을 느끼고 있습니다.
[T] 작업: 하나님의 위로와 공동체의 사랑을 담은 문자 메시지를 작성해주세요.
[S] 예시: "성도님의 아버님 장례를 은혜 가운데 마치셨습니다. 이후의 시간을 감당할 수 있도록 믿음의 격려문자를 보내 주세요."

3) 우울함을 호소하는 청년에게 보낼 격려의 말씀

[A] 역할: 당신은 청년의 감정을 존중하고 하나님께로 인도하는 목회자입니다.
[C] 맥락: 청년이 지속적으로 '의욕이 없다'며 우울한 마음을 나누었습니다.
[T] 작업: 하나님의 관점에서 볼 수 있는 격려의 말씀과 감정을 인정해주는 메시지를 작성해주세요.
[S] 예시: "대학교 3학년 자매가 우울하다고 말했습니다. 간결하면서도 위로가 되는 메시지를 보내 주세요."

4) 이직을 준비하는 교인을 위한 기도문

[A] 역할: 당신은 변화의 시기를 믿음으로 인도하는 영적 멘토입니다.
[C] 맥락: 교인이 회사의 구조조정으로 인해 이직을 준비 중입니다.
[T] 작업: 새로운 시작을 앞둔 교인을 위한 중보기도문을 작성해주세요.
[S] 예시: "재정팀에서 근무하던 40대 교인이 이직을 앞두고 있습니다. 하나님의 인도하심을 담은 기도문을 써 주세요."

5) 아이가 수술을 앞둔 부모를 위한 위로문

[A] 역할: 당신은 자녀를 둔 부모의 마음을 공감하며 말씀으로 위로하는 목회자입니다.
[C] 맥락: 교인의 자녀가 중증 질병으로 수술을 앞두고 있어 심적으로 매우 불안합니다.
[T] 작업: 하나님의 돌보심을 담은 따뜻한 위로문을 작성해주세요.
[S] 예시: "5살 된 자녀의 심장 수술을 앞두고 있는 부모님께 보낼 수 있는 믿음과 위로의 메시지를 써주세요."

6) 시험을 앞둔 고3 학생에게 전하는 말씀 카드

[A] 역할: 당신은 다음 세대의 마음을 이해하며 믿음을 심어주는 교육 목회자입니다.
[C] 맥락: 수능이나 내신을 앞둔 고등학생이 긴장과 부담감에 시달리고 있습니다.
[T] 작업: 기도로 격려하며 집중력을 돕는 말씀 중심 메시지를 카드 형식으로 구성해주세요.
[S] 예시: "여학생 고3 학생이 수시 면접을 앞두고 있습니다. 짧은 말씀 카드형 메시지를

7) 어버이날 어르신께 드릴 감동 편지

[A] 역할: 당신은 교회의 장로 세대를 존중하며 축복하는 목회자입니다.
[C] 맥락: 어버이날을 맞아 장년 또는 노년 성도에게 감사와 축복을 전하고자 합니다.
[T] 작업: 연로한 어르신이 읽고 감동할 수 있는 말씀과 사랑이 담긴 편지를 작성해주세요.
[S] 예시: "교회의 80대 권사님께 어버이날을 맞아 감사 편지를 드리고 싶습니다. 신앙과 삶을 축복하는 문장을 써주세요."

8) 새벽예배 참석자에게 보낼 격려 문자

[A] 역할: 당신은 매일 새벽을 여는 성도들을 세워주는 영적 동반자입니다.
[C] 맥락: 새벽예배에 꾸준히 참여하는 성도에게 짧은 격려 메시지를 보냅니다.
[T] 작업: 짧지만 은혜로운 문장으로 격려 메시지를 생성해주세요.
[S] 예시: "한 주간 동안 매일 새벽예배를 드린 청년에게 보낼 메시지를 써주세요."

9) 낙심한 교인을 위한 회복의 기도문

[A] 역할: 당신은 절망 가운데 있는 이에게 하나님의 소망을 선포하는 중보자입니다.
[C] 맥락: 신앙의 침체를 경험하고 있는 교인이 자신의 무기력함을 나누었습니다.
[T] 작업: 회복을 위한 성경 기반의 짧은 기도문을 작성해주세요.
[S] 예시: "사역에서 낙심한 남성 성도가 있습니다. 다시 일어날 수 있도록 기도문을 작성해 주세요."

10) 교회에 오랜만에 온 교인에게 보낼 환영 메시지

[A] 역할: 당신은 교회에 다시 발걸음한 성도를 따뜻하게 맞이하는 공동체의 리더입니다.
[C] 맥락: 오랜만에 예배에 참석한 교인에게 마음을 열 수 있도록 짧은 환영 메시지를 전합니다.
[T] 작업: 진심 어린 환영과 다시 함께하자는 초대의 메시지를 써주세요.

[S] 예시: "1년 만에 예배에 참석한 여성 교인에게 보낼, 부담 없이 따뜻한 환영 메시지를 부탁드립니다."

11) 시골로 이사 간 교인을 위한 작별 메시지

[A] 역할: 당신은 [거리를 두고도 관계를 이어가는 목회자]입니다.
[C] 맥락: [지방이나 타지로 이사 간 성도]에게 [이별의 아쉬움과 축복의 인사를 담은 메시지]가 필요합니다.
[T] 작업: [성도 이름], [이사 장소], [축복의 구절]을 포함하여 작별 인사 메시지를 작성해 주세요.
[S] 예시: "[경북 안동으로 이사 간 김성도님]에게 보낼 [감사와 축복의 작별 메시지]를 구성해 주세요."

12) 재정적으로 힘든 성도를 위한 응원 메시지

[A] 역할: 당신은 [물질의 어려움 속에서도 소망을 붙잡게 돕는 목회자]입니다.
[C] 맥락: [갑작스러운 실직 또는 부채 문제로 재정적으로 어려운 성도]에게 [하나님의 공급에 대한 소망 메시지]가 필요합니다.
[T] 작업: [경제적 상황], [격려의 말씀], [기도의 문장]을 포함해 메시지를 작성해 주세요.
[S] 예시: "[사업이 어려워진 40대 남성 성도]에게 보낼 [3문장 응원 메시지]를 구성해 주세요."

13) 상처받은 교인을 위한 회복 선언문

[A] 역할: 당신은 [상처 속에 있는 성도에게 회복의 말씀을 선포하는 치유 목회자]입니다.
[C] 맥락: [공동체 안에서 상처를 경험한 교인]이 [신뢰를 회복하고 다시 일어설 수 있는 말씀이 필요]합니다.
[T] 작업: [상처의 배경], [회복의 주제 성구], [적용 가능한 선언문]을 작성해 주세요.
[S] 예시: "[셀 모임에서 인간관계 상처를 입은 자매]를 위한 [말씀 기반 회복 선언문]을 써주세요."

14) 출산한 가정을 위한 축복 기도문

[A] 역할: 당신은 [생명의 탄생을 하나님께 감사드리며 축복하는 목회자]입니다.
[C] 맥락: [첫째 아이를 출산한 가정]에게 [감사의 기도문과 자녀 축복 문구]가 필요합니다.
[T] 작업: [아기 이름(선택)], [부모 이름], [출산 시기], [말씀 기반 축복]을 담아 기도문을 작성해 주세요.
[S] 예시: "[김지은 성도 부부가 지난주 첫 딸을 출산했습니다.] 이 가정을 위한 [감사와 축복의 기도문]을 써주세요."

15) 직장 내 어려움을 겪는 교인을 위한 중보기도

[A] 역할: 당신은 [직장 속 영적 전쟁을 감당하는 성도를 위해 중보하는 목회자]입니다.
[C] 맥락: [직장에서 불이익이나 갈등을 겪고 있는 성도]가 [믿음을 지킬 수 있도록 기도문]이 필요합니다.
[T] 작업: [갈등 내용], [성도 이름], [승리의 메시지]를 포함한 중보기도문을 작성해 주세요.
[S] 예시: "[상사의 부당한 요구로 힘들어하는 직장인 성도]를 위한 [승리와 보호의 기도문]을 구성해 주세요."

16) 하나님을 원망하는 교인을 위한 위로 메시지

[A] 역할: 당신은 [믿음의 회의를 겪는 성도를 이해하고 다시 품어주는 목회자]입니다.
[C] 맥락: [기도 응답 지연, 질병, 불행한 사건 등으로 하나님을 원망하는 교인]에게 [하나님께 돌아가도록 돕는 메시지]가 필요합니다.
[T] 작업: [현재의 원망 사유], [다정하고 무리 없는 어조], [희망의 말씀]이 담긴 메시지를 작성해 주세요.
[S] 예시: "[가족 문제로 하나님께 분노하는 성도]에게 [정죄 없이 위로하며 하나님 품으로 인도하는 메시지]를 구성해 주세요."

17) 자녀 문제로 고민하는 부모를 위한 상담형 메시지

[A] 역할: 당신은 [부모의 눈물을 함께하는 상담자이자 중보 목회자]입니다.

[C] 맥락: [자녀의 신앙, 반항, 진로 문제 등으로 힘들어하는 부모 성도]에게 [공감과 영적 통찰이 담긴 메시지]가 필요합니다.

[T] 작업: [자녀의 나이/상황], [부모의 감정], [신앙적 조언]을 담은 메시지를 작성해 주세요.

[S] 예시: "[고등학생 아들의 신앙 무관심으로 힘들어하는 어머니]에게 드릴 [부드러운 상담형 위로 메시지]를 써주세요."

18) 이혼 가정을 향한 섬세한 메시지

[A] 역할: 당신은 [깊은 아픔을 가진 가정을 정죄 없이 품는 회복 목회자]입니다.

[C] 맥락: [이혼 또는 별거 중인 성도]에게 [정죄가 아닌 회복의 시작을 위한 메시지]가 필요합니다.

[T] 작업: [가정 해체 배경(선택)], [위로 중심], [공동체 안에서의 포용 메시지]를 포함하여 작성해 주세요.

[S] 예시: "[최근 이혼을 경험한 여성 성도]에게 보낼 [공감 중심의 회복 메시지]를 써주세요."

19) 치매 부모를 돌보는 성도를 위한 격려 메시지

[A] 역할: 당신은 [돌봄의 수고를 신앙적으로 격려하고 기도로 동행하는 목회자]입니다.

[C] 맥락: [치매 노부모를 장기적으로 돌보는 성도]가 [정서적 지침과 신앙적 위로]가 필요한 상황입니다.

[T] 작업: [돌봄 기간/상황], [격려 구절], [섬김의 가치를 인정하는 문장]을 포함해 메시지를 작성해 주세요.

[S] 예시: "[2년째 어머니를 돌보고 있는 김성도님]에게 드릴 [섬김의 가치를 인정하는 말씀 격려문]을 써주세요."

20) 생일을 맞은 교인을 위한 축복 메시지

[A] 역할: 당신은 [삶의 기념일을 말씀으로 축복하는 목회자]입니다.
[C] 맥락: [생일을 맞은 교인]에게 [짧은 축복의 말씀과 기도문]이 필요합니다.
[T] 작업: [성도 이름], [나이(선택)], [축복 구절], [기도형 축복 문장]을 포함한 메시지를 작성해 주세요.
[S] 예시: "[50번째 생일을 맞은 이장로님]께 드릴 [말씀 중심 생일 축복 메시지]를 구성해주세요."

21) 청년이 신앙을 잃지 않도록 격려하는 메시지

[R] 역할 : 당신은 [영적 정체기 속 청년을 말씀으로 깨우는 목회자]입니다.

[T] 작업 : [청년의 이름], [신앙적 고민 내용], [회복을 촉진하는 말씀 구절]이 포함된 격려 메시지를 작성해 주세요.

[F] 맥락 : [청년이 진로나 인간관계 문제로 교회와 신앙에서 멀어지고 있음]. 이때 무리한 지적보다는 [감정 공감 + 말씀 중심 격려]로 접근합니다.

22) 시한부 판정을 받은 교인을 위한 복음적 위로

[R] 역할: 당신은 [죽음 앞에서도 천국 소망을 심어주는 복음의 전달자]입니다.
[T] 작업: [환자의 이름], [질병 상황], [복음 요약과 천국 소망], [짧은 기도]가 포함된 메시지를 작성해 주세요.
[F] 맥락: [의료진으로부터 수개월의 삶을 선고받은 교인]이 존재와 죽음을 고민 중입니다. 말씀을 통해 [위로 + 복음 + 소망]을 전합니다.

23) 소그룹 식구를 위한 매주 기도카드

[R] 역할: 당신은 [소그룹을 영적으로 돌보는 셀리더 혹은 중보자]입니다.

[T] 작업: [이름], [기도제목], [말씀 한 구절]을 포함한 짧은 기도카드를 구성해주세요.

[F] 맥락: 매주 한 사람을 위해 기도하며 나눌 수 있도록, [부담스럽지 않고 은혜로운 카드 형태]로 작성합니다.

24) 오랜 침묵을 깨고 돌아온 교인에게 전할 진심

[R] 역할: 당신은 [잊혀졌다고 느끼는 성도를 따뜻하게 품는 목회자]입니다.

[T] 작업: [교회 공백 기간], [돌아오게 된 이유(선택)], [환영과 회복 격려] 메시지를 구성해주세요.

[F] 맥락: [1년 이상 연락이 끊긴 성도]가 다시 예배에 참석했습니다. 죄책감보다 [반가움과 공동체 환대]를 강조합니다.

25) 믿지 않는 가족과의 갈등을 겪는 교인을 위한 위로

[R] 역할: 당신은 [가족 안의 신앙 갈등을 중보하며 동행하는 목회자]입니다.

[T] 작업: [성도 이름], [가족 구성과 갈등 상황], [믿음을 지킬 수 있도록 위로하는 말씀과 문장]을 작성해 주세요.

[F] 맥락: [가족의 핍박, 조롱, 불화 등]으로 신앙을 지키기 힘든 성도에게 [비난하지 않고 소망을 붙잡는 격려 메시지]가 필요합니다.

26) 건강 검진 결과를 기다리는 교인을 위한 기도

[R] 역할: 당신은 [불안 속에 있는 이들을 위해 중보하는 위로자]입니다.

[T] 작업: [검진 항목], [성도 이름], [평안의 기도문]을 구성해 주세요.

[F] 맥락: [정밀 검사 결과를 기다리며 불안해하는 성도]에게 [하나님의 평안을 전하는 짧은 기도문]이 필요합니다.

27) 군 복무 중인 청년에게 보내는 격려 메시지

[R] 역할: 당신은 [군대 안에서도 신앙을 지키는 청년들을 중보하는 목회자]입니다.

[T] 작업: [군 복무 지역], [성도 이름], [간단한 응원 구절], [기도문]을 포함한 메시지를 작성해 주세요.

[F] 맥락: [군 복무 중 외로움과 영적 침체를 겪는 청년]에게 [격려와 정체성 회복의 말씀 중심 메시지]가 필요합니다.

28) 감사절을 앞둔 교인 가정에게 보내는 감사 메시지

[R] 역할: 당신은 [감사의 마음을 말씀으로 일깨우는 공동체 리더]입니다.

[T] 작업: [가정 구성원 이름], [올해의 감사 제목 1~2개], [감사 관련 성경 구절]을 포함한 메시지를 작성해 주세요.

[F] 맥락: [추수감사절 혹은 연말감사예배]를 앞두고, [매년 같은 메시지 대신 구체적이고 진심 어린 감사 표현]을 전합니다.

29) 심방을 마친 후 후속 메시지를 자동으로 써줘

[R] 역할: 당신은 [방문 사역 후에도 관계를 이어가는 사려 깊은 목회자]입니다.

[T] 작업: [심방 내용 요약], [기도제목], [감사 표현]을 포함한 후속 메시지를 작성해 주세요.

[F] 맥락: [가정심방이나 병원방문 후], 관계 유지를 위해 [짧은 감사 + 기도 지속 + 격려] 메시지가 필요합니다.

30) 나눔방 리더가 사용할 위로 메시지 템플릿

[R] 역할: 당신은 [소그룹을 말씀으로 돌보는 공동체 리더 혹은 부목사]입니다.

[T] 작업: [성도 상황 요약], [주제 말씀], [격려 메시지 예시 2종]을 포함한 템플릿을 작성해 주세요.

[F] 맥락: [셀/구역/나눔방 리더]가 정기적으로 사용할 수 있도록, 상황별로 수정 가능한 [말씀 중심 메시지 포맷]이 필요합니다.

3. 주일 설교와 예배 준비를 위한 ChatGPT 프롬프트 30개

1) 설교 본문 요약 정리 프롬프트

[A] 역할 (Role): 당신은 [설교 본문을 쉽게 풀어주는 주해 설교자]입니다.

[C] 맥락 (Context): [이번 주 주일 설교 본문]을 성도들이 이해하기 쉽게 [핵심 요약 5줄]로 정리할 필요가 있습니다.

[T] 작업 (Task): [성경 본문], [본문의 주제], [신앙적 적용]이 포함된 짧은 요약문을 작성해 주세요.

[S] 예시 (Sample Prompt): "[마가복음 4:3541] 본문을 기반으로 [폭풍 속에서 주님을 신뢰하라는 메시지]를 5줄로 요약해 주세요."

2) 설교 본문에 맞는 대표기도문 작성

[A] 역할: 당신은 [예배 전체를 아우르는 대표기도를 작성하는 목회자]입니다.

[C] 맥락: [설교 본문 주제]에 맞게 [공예배 시작 대표기도문]을 구성하려 합니다.

[T] 작업: [본문 주제], [공동체적 상황], [하나님께 드리는 찬양과 간구]가 포함된 기도문을 작성해 주세요.

[S] 예시: "[요한복음 15장] 말씀을 중심으로 [하나님과의 친밀한 연합]을 주제로 대표기도문을 작성해 주세요."

3) 성경 본문 요약을 5문장으로 정리

[A] 역할: 당신은 [성경본문을 쉽고 일목요연하게 풀어주는 요약 전문가]입니다.

[C] 맥락: 성도들이 [예배 전에 성경을 이해할 수 있도록], 본문을 [5문장으로 요약]할 필요가 있습니다.

[T] 작업: [성경 본문], [문장 수 제한], [신앙적 핵심]을 포함한 요약문을 작성해 주세요.

[S] 예시: "[사무엘상 17장] 다윗과 골리앗 이야기를 5문장으로 요약해 주세요. 적용포인트는 '하나님을 신뢰하는 믿음'입니다."

4) 말씀카드에 넣을 성경 구절 요약

[A] 역할: 당신은 [성경 말씀을 짧고 감동 있게 전하는 카피라이터형 목회자]입니다.

[C] 맥락: [설교 구절이나 묵상 구절]을 말씀카드에 넣기 위해 [짧은 제목 + 한 문장 요약]이 필요합니다.

[T] 작업: [성경 구절], [적용 주제], [격려 메시지]를 조합한 말씀카드 내용을 작성해 주세요.

[S] 예시: "[빌립보서 4:13] 말씀을 '하나님의 능력으로 충분합니다'라는 주제로 카드형 문구로 구성해 주세요."

5) 설교 도입용 예화 3개 추천

[A] 역할: 당신은 [청중을 집중시키는 설교 도입 전문가]입니다.

[C] 맥락: [이번 설교 주제]를 효과적으로 소개하기 위한 [도입 예화]가 필요합니다.

[T] 작업: [주제], [청중의 연령대], [감정적 연결 포인트]를 고려한 예화를 3가지 추천해 주세요.

[S] 예시: "['기도는 응답된다'는 주제]에 맞는 짧은 예화를 3개 제안해 주세요. 청중은 40~60대입니다."

6) 주제별 설교 제목 5개 추천

[A] 역할: 당신은 [설교의 핵심을 제목으로 요약하는 말센스 전문가]입니다.

[C] 맥락: [설교 주제와 본문]에 맞는 [직관적이고 기억에 남는 제목]을 만들고자 합니다.

[T] 작업: [성경 본문], [설교 주제], [예배 형식(주일/수요/청년)]에 맞는 설교 제목을 5개 제안해 주세요.

[S] 예시: "[마태복음 5장] 산상수훈을 중심으로 [예수님의 제자도]에 관한 제목을 5개 추천해 주세요."

7) 청년부 예배용 설교 주제 추천

[A] 역할: 당신은 [청년의 삶에 밀착된 설교 주제를 제안하는 목회자]입니다.
[C] 맥락: [청년부 주중 예배]에서 다룰 수 있는 [실생활 연결형 설교 주제]가 필요합니다.
[T] 작업: [청년의 고민 키워드], [설교 연속 주제 여부], [본문 후보]를 바탕으로 주제를 추천해 주세요.
[S] 예시: "[진로 고민과 불안]을 주제로 청년부 예배 설교 제목을 3개 제안해 주세요. 가능한 본문도 알려주세요."

8) 본문을 질문형으로 바꿔달라

[A] 역할: 당신은 [성경본문을 대화형 질문으로 바꾸는 성경교육 디자이너]입니다.
[C] 맥락: [소그룹 나눔 또는 설교 도입]에서 사용할 수 있는 [본문 기반의 질문]이 필요합니다.
[T] 작업: [본문], [적용 주제], [청중 연령대]를 기반으로, [질문형 3가지]를 생성해 주세요.
[S] 예시: "[요한복음 4장] 사마리아 여인 본문에서 '하나님이 나를 아실까?'라는 주제로 3개의 질문을 생성해 주세요."

9) 설교 본문 속 핵심 단어 5개 추출

[A] 역할: 당신은 [본문 중심 키워드 추출을 통한 설교 흐름 정리 전문가]입니다.
[C] 맥락: [설교 준비 초기 단계]에서 [본문을 구조화할 수 있는 핵심 단어]가 필요합니다.
[T] 작업: [성경 본문]에서 핵심이 되는 단어 또는 주제를 5개 추출해 주세요. 각 단어에 간단한 설명을 덧붙여주세요.
[S] 예시: "[누가복음 15장 – 탕자의 비유]에서 핵심 단어 5개와 간단한 설명을 생성해 주세요."

10) 설교 내용 기반 적용 질문 만들기

[A] 역할: 당신은 [성도들의 삶 속 적용을 도와주는 실천 목회자]입니다.
[C] 맥락: [설교 본문]을 바탕으로 [소그룹 나눔이나 삶의 적용]을 위한 질문이 필요합니다.
[T] 작업: [본문], [적용 주제], [연령대]에 맞는 적용 질문 3~5개를 생성해 주세요.
[S] 예시: "[요한일서 4장 – 사랑이 하나님에게서 났다]라는 말씀을 기반으로, 청년 소그룹에서 사용할 적용 질문 5개를 만들어 주세요."

11) 주보에 넣을 말씀 묵상 칼럼 작성

[A] 역할 : 당신은 [짧은 글로 은혜를 전하는 묵상 칼럼니스트형 목회자]입니다.
[C] 맥락 : [주보나 교회 웹사이트]에 실릴 [300자 내외의 묵상 칼럼]이 필요합니다.
[T] 작업: [본문 구절], [본문에서 강조하고 싶은 메시지], [간단한 적용 포인트]를 포함한 칼럼을 작성해 주세요.
[S] 예시 : "[시편 23:1] 말씀을 바탕으로, '주님은 나의 목자이십니다'라는 주제로 주보 칼럼을 300자 이내로 작성해 주세요."

12) 기도문을 찬송시 형태로 바꾸기

[A] 역할: 당신은 [기도문을 예배 분위기에 맞게 찬송시로 각색하는 목회자]입니다.
[C] 맥락: [대표기도 또는 중보기도]의 내용을 [예배 전 낭송용 찬송시]로 바꾸고자 합니다.
[T] 작업: [기도문 핵심 내용], [시적 구조], [말씀 인용 여부]를 고려하여 찬송시 형태로 작성해 주세요.
[S] 예시: "[창세기 1장]을 기반으로 한 '창조주 하나님을 찬양하는 기도문'을 찬송시 형태로 바꿔주세요. 4연 이상의 형식으로 부탁드립니다."

13) 성경 본문 이미지 생성용 프롬프트 요청

[A] 역할: 당신은 [시각적 예배를 기획하는 콘텐츠 디렉터형 목회자]입니다.

[C] 맥락: [예배 설교 본문]을 시각화하기 위해 AI 이미지 생성용 프롬프트가 필요합니다.

[T] 작업: [본문 구절], [장면 설명], [스타일 요청(예: 수채화, 고대풍)]이 포함된 프롬프트 문장을 생성해 주세요.

[S] 예시: "[출애굽기 14장 – 홍해가 갈라지는 장면]을 기반으로, 수채화풍 AI 이미지 생성 프롬프트를 만들어 주세요."

14) 설교용 배경 PPT 이미지 문구 작성

[A] 역할: 당신은 [설교 메시지를 시각적 언어로 전달하는 디자인 감각형 목회자]입니다.

[C] 맥락: [설교 PPT 슬라이드]에 사용할 [한 문장 자막 + 배경 문구]가 필요합니다.

[T] 작업: [설교 제목], [본문 내용], [시각적 연상어]를 바탕으로 자막을 2~3개 생성해 주세요.

[S] 예시: "[요한복음 11장 – 나사로를 살리신 예수님] 설교에 어울리는 자막 문구 3개와 PPT 배경 문장을 구성해 주세요."

15) 아이들 예배용 설교 주제 각색

[A] 역할: 당신은 [어린이 눈높이에 맞게 성경 이야기를 재해석하는 교육 목회자]입니다.

[C] 맥락: [주일 설교 본문]을 [7세 이하 유아예배 설교]로 재구성할 필요가 있습니다.

[T] 작업: [본문], [핵심 메시지], [아이의 언어]로 바꿔 설교 내용을 간단하게 재구성해 주세요.

[S] 예시: "[사도행전 16장 – 바울과 실라의 감옥 찬양 이야기]를 6세 아이들이 이해할 수 있게 다시 설명해 주세요."

16) 찬양 전 환영 인사 멘트 작성

[A] 역할: 당신은 [예배 분위기를 따뜻하게 여는 호스트형 목회자]입니다.
[C] 맥락: [주일 예배 첫 찬양] 전에 [회중을 환영하고 집중을 유도하는 인사 멘트]가 필요합니다.
[T] 작업: [예배의 계절/분위기], [회중 연령대], [오늘의 핵심 주제]를 고려한 10~15초 멘트를 작성해 주세요.
[S] 예시: "[부활절 주일 예배 첫 찬양 전] 사용 가능한 15초 환영 멘트를 작성해 주세요. 회중은 전 세대입니다."

17) 주보 속 주간 메시지를 5문장 요약

[A] 역할: 당신은 [설교의 핵심을 짧은 문장으로 정리하는 커뮤니케이션 목회자]입니다.
[C] 맥락: [주보나 홈페이지 주간 메시지]에 담을 [이번 설교 요약]을 간단히 작성하고자 합니다.
[T] 작업: [설교 본문], [주제 문장], [삶의 적용]을 중심으로 5문장 이내로 요약해 주세요.
[S] 예시: "[마태복음 6장 – 염려하지 말라] 본문을 바탕으로, 이번 주 설교 메시지를 5문장으로 요약해 주세요."

18) 영상 설교 제목 + 해시태그 생성

[A] 역할: 당신은 [영상 콘텐츠의 확산을 고려하는 온라인 사역자]입니다.
[C] 맥락: [설교 영상 업로드]를 위해 [관심을 끌 수 있는 제목]과 [주제별 해시태그]가 필요합니다.
[T] 작업: [설교 본문], [중심 메시지], [감정 코드]를 바탕으로 제목과 해시태그를 각각 3개씩 생성해 주세요.
[S] 예시: "[창세기 22장 – 아브라함의 순종] 설교를 위한 영상 제목 3개와 해시태그 5개를 제안해 주세요."

19) 어린이 주일용 설교 스토리 재구성

[A] 역할: 당신은 [아이들의 마음에 말씀을 새기는 이야기꾼 목회자]입니다.

[C] 맥락: [어린이 주일 설교 본문]을 [이야기 형식(동화/비유)]으로 각색할 필요가 있습니다.

[T] 작업: [본문 내용], [핵심 교훈], [동화 구조(도입-문제-해결-교훈)]로 구성해 주세요.

[S] 예시: "[요나서 1장] 말씀을 활용해, 5분 이내로 들려줄 수 있는 어린이용 동화 설교로 다시 써주세요."

20) 본문에서 느껴야 할 감정을 정리

[A] 역할: 당신은 [본문이 전달하는 감정과 톤을 정리하여 설교 감각을 조율하는 설교 디자이너]입니다.

[C] 맥락: [본문 해석과 설교 방향]을 잡기 위해, [본문에서 성도들이 느끼기를 원하는 감정 톤]을 사전에 정리하고자 합니다.

[T] 작업: [본문 구절], [전체 흐름], [적용 대상]을 고려해 설교 감정 톤(예: 위로/도전/회개 등) 3가지를 제안해 주세요.

[S] 예시: "[요한복음 8장 – 간음하다 잡힌 여인] 본문을 바탕으로, 설교 감정 톤 3가지(예: 수치 → 자비 → 해방)를 정리해 주세요."

21) 새가족을 위한 설교 요약문 작성

[R] 역할 : 당신은 [복음을 처음 접하는 이들에게 설교를 쉽게 풀어주는 목회자]입니다.

[I] 의도 : [새가족이 설교 내용을 부담 없이 이해하고, 핵심 메시지에 공감하도록 돕기 위함]입니다.

[T] 작업 : [설교 본문], [핵심 요점 3개], [한 문장 적용]으로 구성된 짧은 요약문을 작성해 주세요.

[S] 스텝 :
 1. [본문 성경구절]을 입력한다.
 2. 설교 전체 내용을 [세 문단 요약]한다.
 3. 요약 내용 중 핵심 문장을 뽑아 [새가족용 어휘]로 다듬는다.
 4. 마지막에 ["이 말씀은 당신을 위한 초대입니다"]처럼 적용을 제시한다.

[E] 예시 :

"본문: [누가복음 15장 – 탕자의 비유]를 바탕으로, 새가족에게 전달할 수 있는 요약문을 작성해 주세요.

형식: 핵심 메시지 3개 + 적용 문장 1개. 말투는 따뜻하고 친절하게."

22) 설교 내용을 3개의 요점으로 요약

[R] 역할: 당신은 [설교의 메시지를 체계화해 정리하는 설교자]입니다.

[I] 의도: [성도들이 설교 흐름을 구조적으로 기억하고 나눔에 활용하도록 하기 위함]입니다.

[T] 작업: [설교 본문], [주제 문장], [적용 포인트]로 요점을 세 가지로 정리해 주세요.

[S] 스텝:

1. [본문 내용]을 요약하여 주제를 추출한다.
2. 주제에 따라 [3개의 핵심 메시지]를 구분한다.
3. 각각의 메시지를 ['하나, 둘, 셋']의 흐름으로 구성해준다.
4. 각 포인트 밑에 짧은 적용 문장을 붙인다.

[E] 예시:

"본문: [요한복음 10장 – 선한 목자]를 중심으로 '하나님이 나를 아신다'라는 주제 하에 핵심 요점 3가지를 작성해 주세요. 각 요점에 한 줄 적용을 추가해 주세요."

23) 주중 큐티로 연결되는 설교 적용문

[R] 역할: 당신은 [주일 설교와 삶을 연결해주는 묵상 콘텐츠 디자이너]입니다.

[I] 의도: [주일의 감동을 주중 삶 속에서도 계속 적용하고, 큐티 흐름으로 연결되게 하기 위함]입니다.

[T] 작업: [설교 본문], [적용 주제], [묵상 질문]을 포함한 하루 큐티 텍스트를 작성해 주세요.

[S] 스텝:

1. [주일 설교 본문]을 한 문단으로 요약한다.
2. 그 내용을 [월~금 큐티 본문] 중 하루와 연결한다.
3. 연결된 본문을 바탕으로 [묵상 중심 적용문장]을 작성한다.
4. 마지막에 [하루 질문] 또는 [기도문 1문장]을 넣는다.

[E] 예시:

"주일 본문: [로마서 12장 1~2절]

월요일 큐티: [마태복음 5장]과 연결하여

'하나님의 뜻을 따르는 삶'이라는 주제로 하루 묵상문 + 적용 질문을 작성해 주세요."

24) 예배용 파워포인트 5장 구성 텍스트

[R] 역할: 당신은 [설교 메시지를 시각적으로 전달하는 프레젠테이션 설계자형 목회자]입니다.

[I] 의도: [설교의 흐름을 시각적 구조로 표현해 청중의 집중력을 높이기 위함]입니다.

[T] 작업: [설교 본문], [설교 주제], [슬라이드 구성요소: 제목본문적용]으로 PPT용 텍스트 5장을 만들어 주세요.

[S] 스텝:

1. [본문 성구]와 [핵심 주제]를 정리한다.
2. 설교를 [5단락 구조: 인트로–문제–본문–적용–결단]으로 나눈다.
3. 각 단락에 맞는 [슬라이드 제목과 2~3문장 설명]을 구성한다.
4. 마지막 장은 [한 문장 결단문] 또는 [기도문]으로 마무리한다.

[E] 예시:

"본문: [사무엘상 3장 – 사무엘을 부르신 하나님], 주제: [말씀을 듣는 삶].

설교 흐름에 따라 5장의 PPT 슬라이드를 구성해 주세요. 각 슬라이드에는 제목 + 2문장 설명이 포함되어야 합니다."

25) 삶의 적용을 위한 질문 5가지 생성

[R] 역할: 당신은 [말씀을 삶으로 이끌어내는 적용형 질문 전문가]입니다.

[I] 의도: [설교 후 공동체 나눔이나 개인 묵상에서 삶의 변화로 이어지도록 유도하기 위함]입니다.

[T] 작업: [설교 본문], [핵심 주제], [대상 연령대]에 맞춰 적용 질문 5개를 생성해 주세요.

[S] 스텝:

1. [본문 중심 메시지]를 간략히 정리한다.
2. 그 메시지를 [생활 영역: 가족, 직장, 관계, 내면, 미래]로 나눈다.
3. 각 영역마다 1개의 질문을 구성한다.
4. 질문 문장은 반드시 ['나는~', '너는~', '우리의 삶에서~']로 시작하게 구성한다.

[E] 예시:

"본문: [마태복음 7장 – 반석 위에 지은 집].

30대 청년을 위한 적용 질문 5개를 각기 다른 삶의 영역(내면, 진로, 신앙 등)으로 만들어 주세요."

26) 설교 제목에 어울리는 이미지 프롬프트 작성

[R] 역할: 당신은 [설교 메시지를 시각 언어로 변환하는 이미지 디자이너형 목회자]입니다.

[I] 의도: [설교 주제를 시각적으로 표현하여 성도들의 기억에 오래 남도록 돕기 위함]입니다.

[T] 작업: [설교 제목], [중심 메시지], [비주얼 스타일]을 포함한 AI 이미지 생성 프롬프트를 작성해 주세요.

[S] 스텝:

1. [설교 제목과 핵심 구절]을 정리한다.
2. 이미지화할 [장면/상징]을 1~2개 선택한다.
3. 이미지 스타일을 [예: 수채화, 사진, 아이콘 스타일 등]로 지정한다.
4. 감정 톤(위로/소망/도전 등)을 반영해 전체 문장으로 프롬프트화한다.

[E] 예시:

"설교 제목: [다시 걷게 하신 하나님], 핵심 구절: [요한복음 5:8].

'버려진 들판에 누워 있던 사람이 빛을 향해 일어서는 장면'을 수채화 스타일로 그리는 프롬프트를 만들어 주세요."

27) 영어 성도용 설교 요약문 작성

[R] 역할: 당신은 [다국적 회중을 위한 이중언어 목회자]입니다.

[I] 의도: [영어권 성도들이 설교 내용을 이해하고 신앙적 공감을 가질 수 있도록 돕기 위함]입니다.

[T] 작업: [설교 본문], [핵심 메시지], [영문 적용문]이 포함된 설교 요약문을 작성해 주세요.

[S] 스텝:

1. [한글 설교문 요약]을 먼저 3문장으로 구성한다.
2. 이를 [영어로 자연스럽게 번역]한다.
3. 번역 시 교회 용어와 문화에 맞게 [영문 성경 단어]를 활용한다.
4. 마지막에 [한 문장 적용]을 영어로 추가한다.

[E] 예시:

"본문: [창세기 12장 – 아브라함의 부르심].

  외국인 성도를 위한 3~5문장 분량의 설교 요약을 영어로 작성해 주세요. 적용 문장 1개를 포함해주세요."

28) 예배 시작 전 전광판 멘트 작성

[R] 역할: 당신은 [예배 분위기를 디자인하는 커뮤니케이션형 예배 인도자]입니다.
[I] 의도: [예배 시작을 부드럽게 알리고 회중의 집중을 유도하기 위함]입니다.
[T] 작업: [예배 시간], [환영 문구], [성경 한 구절 or 짧은 묵상문]을 전광판 멘트로 구성해 주세요.
[S] 스텝:
 1. [예배 시간]을 정확히 안내한다.
 2. [회중을 따뜻하게 초대하는 문장]을 구성한다.
 3. [그날의 설교 메시지를 암시하는 말씀 or 문장]을 넣는다.
 4. 전체 문장을 [한 화면(2~3문장) 내로 간결하게 정리]한다.
[E] 예시:

"시간: 오전 11시 예배.

'여러분을 주님의 날, 주님의 자리로 초대합니다.

주님의 말씀은 오늘도 우리를 살게 합니다.

Worship starts in 3 minutes.' 형식으로 구성해 주세요."

29) 특송 앞 멘트와 기도문 작성

[R] 역할: 당신은 [특송의 메시지를 회중에게 연결하는 예배 사회자]입니다.
[I] 의도: [찬양을 소개하며 회중이 그 의미를 깊이 있게 받도록 돕기 위함]입니다.
[T] 작업: [특송 곡 소개 멘트], [찬양 메시지 요약], [특송 후 기도문]을 작성해 주세요.
[S] 스텝:
 1. [찬양 제목과 팀명]을 소개한다.
 2. 곡의 [주제와 가사 메시지 요약]을 간단히 전한다.
 3. 특송 후 이어질 [기도문]을 2문장 내외로 준비한다.

4. 전체 멘트를 [은혜롭고 부담 없는 분위기]로 구성한다.

[E] 예시:

"찬양곡: '주는 포기하지 않으시네'

찬양팀: 고등부

멘트: '이 찬양은 우리가 포기해도 하나님은 끝까지 포기하지 않으심을 고백합니다.'

기도문: '하나님, 찬양을 통해 우리의 심령이 회복되게 하소서. 예수님 이름으로 기도합니다.'"

30) 설교 핵심 키워드 3개 추출

[R] 역할: 당신은 [설교 메시지를 요약해 회중의 마음에 새기게 하는 목회자]입니다.

[I] 의도: [설교 전후에 핵심 메시지를 각인시켜 회중이 메시지를 따라가도록 돕기 위함]입니다.

[T] 작업: [본문], [설교 주제], [적용 포인트]를 기반으로 핵심 키워드 3개를 추출해 주세요.

[S] 스텝:

1. [본문의 구조와 흐름]을 간단히 분석한다.
2. [핵심 문장]을 기준으로 요약 키워드를 5개 뽑고, 이 중 3개를 선별한다.
3. 키워드는 [명사형 또는 동사형 중심]으로 간결하게 표현한다.
4. 선택한 키워드 각각에 [한 문장 요약 or 적용 구절]을 덧붙인다.

[E] 예시:

"본문: [사무엘상 1장 – 한나의 기도].

키워드 후보: 기다림, 눈물, 믿음, 응답, 예배

최종 키워드: [눈물] – 고통 중에 드린 기도, [믿음] – 흔들리지 않은 고백, [응답] – 하나님은 기억하신다."

4. 행정 및 목회 콘텐츠를 위한 프롬프트 30선

1) 교회 주보 자동 요약 프롬프트

[A] 역할: 당신은 [중요한 공지와 흐름을 한눈에 정리해주는 교회 소식 편집자]입니다.
[C] 맥락: [주간 예배/행사/공지] 내용을 [성도들이 보기 쉽게 요약]할 필요가 있습니다.
[T] 작업: [행사명], [날짜], [요약 메시지]를 포함한 3~5줄 요약을 생성해 주세요.
[S] 예시: "[5월 셋째 주 주보 내용]을 [성도 대상 요약형 주간 소식]으로 5줄 이내로 구성해 주세요. [어르신이 보기 편한 말투]로 정리해 주세요."

2) 주간 일정 문자 작성 프롬프트

[A] 역할: 당신은 [성도들에게 정확하고 따뜻하게 주간 일정을 안내하는 목회 비서]입니다.
[C] 맥락: [교회 주간 일정]을 [한 문장 인사말 + 요일별 일정]으로 구성해 문자 발송하려고 합니다.
[T] 작업: [요일별 일정], [시간], [담당자명]을 포함한 문자 형식 안내문을 작성해 주세요.
[S] 예시: "[5월 넷째 주] 교회 주요 일정을 [월~금 기준]으로 간단히 정리하고, 성도에게 보낼 문자 형식으로 작성해 주세요."

3) 유튜브 썸네일 문구 추천 프롬프트

[A] 역할: 당신은 [설교 또는 교회 영상의 핵심을 시선 끄는 문구로 만드는 콘텐츠 에디터]입니다.
[C] 맥락: [설교 제목 또는 영상 주제]를 기반으로 [눈길을 끌 수 있는 썸네일 문구]가 필요합니다.
[T] 작업: [제목], [핵심 키워드], [감정 키워드]를 기반으로 3~5단어 이내의 자극적인 문구 3개를 작성해 주세요.
[S] 예시: "제목: ['기도해도 응답이 없을 때']
썸네일 문구 후보 3개를 제안해 주세요. [20~40대 청년 타겟]입니다."

4) 교회 행사 포스터 문구 작성 프롬프트

[A] 역할: 당신은 [행사의 취지와 감동을 간결한 문장으로 표현하는 교회 포스터 카피라이터]입니다.
[C] 맥락: [교회 내부/외부 행사] 포스터에 들어갈 [메인 카피 + 부제목 + 한 문장 설명]이 필요합니다.
[T] 작업: [행사명], [일시], [주제], [대상자]를 기반으로 포스터 문구 3종(타이틀, 부제, 설명)을 작성해 주세요.
[S] 예시: "[청년 연합기도회 – 6월 15일 토요일 오후 6시]에 맞는 포스터 문구 3종을 작성해 주세요. 분위기는 은혜롭고 도전적으로 부탁합니다."

5) 주일 설교 리마인드 이미지 문구 작성

[A] 역할: 당신은 [주중에도 설교의 여운을 남기는 말씀 콘텐츠 제작자]입니다.
[C] 맥락: [주일 설교 핵심 구절 또는 메시지]를 담은 [SNS 리마인드 이미지용 문구]가 필요합니다.
[T] 작업: [본문], [설교 요점], [적용 포인트]를 2~3문장 이미지용 문구로 구성해 주세요.
[S] 예시: "[요한복음 4장 – 네 남편을 불러오라] 설교 내용을 기반으로,
  수요일 인스타그램용 설교 리마인드 이미지 문구를 작성해 주세요."

6) 목회자 일정표 자동 정리 프롬프트

[A] 역할: 당신은 [목회자 일정 정리를 도와주는 스마트 비서]입니다.
[C] 맥락: [목회자의 주간 일정]을 Google 캘린더 또는 공지용 일정표 형식으로 자동 정리해야 합니다.
[T] 작업: [날짜], [시간], [사역 종류], [장소]를 정리된 형식(표 or 리스트)으로 출력해 주세요.
[S] 예시: "5월 20일부터 26일까지의 일정(심방, 회의, 예배 등)을
  보기 쉽게 리스트로 정리해 주세요. 각 항목은 [요일–시간–내용] 형식입니다."

7) 교회 홍보문 안내문 작성 프롬프트

[A] 역할: 당신은 [교회를 처음 방문하는 사람들에게 친절한 인상을 주는 안내자]입니다.
[C] 맥락: [새가족 또는 외부인에게 전할 교회 소개문/초대 메시지]가 필요합니다.
[T] 작업: [교회명], [비전 슬로건], [환영 인사], [대표 프로그램 소개]를 포함해 포스터 or 배너용 안내문을 구성해 주세요.
[S] 예시: "[행복한교회]를 소개할 수 있는 포스터용 문구를 '따뜻한 공동체'라는 슬로건 중심으로 3문단 내외로 구성해 주세요."

8) 예배 안내문 자동 생성 프롬프트

[A] 역할: 당신은 [예배 순서를 이해하기 쉽게 설명하는 예배 코디네이터]입니다.
[C] 맥락: [주일 예배 순서지]에 들어갈 [예배 흐름 요약 + 예배자 안내 메시지]가 필요합니다.
[T] 작업: [예배 시작 시간], [전체 순서], [말씀 본문/설교 제목]을 포함해 안내문을 작성해 주세요.
[S] 예시: "오전 11시 예배 안내문을, 순서지 맨 앞에 넣을 수 있는 [예배의 의미 + 흐름 요약 + 환영 메시지] 형태로 작성해 주세요."

9) 설교 영상 자막 요약 프롬프트

[A] 역할: 당신은 [설교의 감동을 자막으로 정리해주는 요약 스크립터]입니다.
[C] 맥락: [설교 영상]에 들어갈 [자막용 핵심 문장 10개]가 필요합니다.
[T] 작업: [설교 주제], [본문], [감동 포인트]를 바탕으로 자막으로 사용할 수 있는 문장(15자 내외) 10개를 만들어 주세요.
[S] 예시: "['주님은 지금도 일하신다']라는 제목의 설교 영상에서 사용할 자막용 짧은 문장 10개를 제안해 주세요."

10) 교회 이미지 콘텐츠 기획 프롬프트

[A] 역할: 당신은 [말씀과 사역을 시각으로 표현하는 교회 콘텐츠 디자이너]입니다.

[C] 맥락: [계절별 or 시리즈별 콘텐츠 이미지]를 기획하기 위해 주제와 문구 아이디어가 필요합니다.

[T] 작업: [시리즈 주제], [본문], [이미지 톤(예: 따뜻함/도전적/간결함)]에 맞춰 이미지용 문구 3개를 작성해 주세요.

[S] 예시: "6월 청년부 시리즈: ['방황에서 부르심으로'], 본문: [사도행전 9장], 분위기: 소망과 도전. 인스타 게시용 이미지 문구 3개를 구성해 주세요."

11) 교회 뉴스레터 문장 생성

[R] 역할: 당신은 [성도와 교회를 연결하는 따뜻한 소식지 작성자]입니다.

[I] 의도: [교회의 소식을 성도에게 친근하고 은혜롭게 전달하기 위함]입니다.

[T] 작업: [소식 제목], [날짜], [내용 요약]을 포함해 뉴스레터용 단락을 작성해 주세요.

[S] 스텝:
  1. [소식의 주제(예: 세례식, 행사, 간증 등)]을 간결히 정리한다.
  2. 해당 주제를 [1~2문단 스토리형으로 구성]한다.
  3. 마지막에 ["함께해 주셔서 감사합니다"] 등의 마무리 문장을 넣는다.

[E] 예시:
 "주제: [어버이주일 행사], 날짜: [5월 12일]. 뉴스레터용 단락 2개를 작성해 주세요. 말투는 따뜻하고 은혜롭게."

12) 교회 인스타그램 게시글 작성

[R] 역할: 당신은 [짧은 글 속에 말씀의 감동을 담아내는 SNS 사역자]입니다.

[I] 의도: [성도들의 일상 속에서 말씀을 다시 떠올리게 하여 신앙적 여운을 남기기 위함]입니다.

[T] 작업: [말씀 구절], [주제어], [감성 문장]을 포함한 인스타 게시글용 문구를 3문단 이내로 작성해 주세요.

[S] 스텝:

1. [본문 말씀 또는 설교 요약 문장]을 제시한다.
2. 그것이 오늘의 삶과 어떻게 연결되는지 [감정 중심 문장]으로 풀어낸다.
3. 마지막 문단에 [한 문장 기도 또는 고백]으로 마무리한다.

[E] 예시:

"본문: [이사야 43:1]. 주제: ['두려워 말라'].

인스타 게시글용 문구 3문단을 작성해 주세요. 말투는 간결하고 감성적으로."

13) 카드뉴스 콘텐츠 구성 프롬프트

[R] 역할: 당신은 [신앙 메시지를 시각 콘텐츠로 구조화하는 메시지 설계자]입니다.

[I] 의도: [한 주간의 말씀을 단계별 카드뉴스로 나누어 전달하기 위함]입니다.

[T] 작업: [본문], [핵심 메시지], [적용 포인트]를 카드뉴스 5장 분량으로 구성해 주세요.

[S] 스텝:

1. 1장: [말씀 한 구절 + 제목형 문장]
2. 2~4장: [본문 요약 + 메시지 해석 + 현실 적용]
3. 5장: [결단 문장 또는 오늘의 기도문]

[E] 예시:

"본문: [마태복음 6:33], 주제: [먼저 그의 나라].

카드뉴스용 5장 텍스트를 각 장마다 2문장 이내로 구성해 주세요."

14) 연말 사역보고서 문단 자동 생성

[R] 역할: 당신은 [교회의 한 해를 이야기로 정리하는 사역 리포터]입니다.

[I] 의도: [연말에 사역의 감사를 성도와 공유하고, 하나님의 인도를 기록하기 위함]입니다.

[T] 작업: [부서명], [주요 활동], [결과 또는 간증]을 포함한 1~2문단 보고서 텍스트를 생성해 주세요.

[S] 스텝:

1. [부서와 연도]를 제시한다.
2. [주요 사역 내용]을 문장으로 요약한다.
3. [은혜 또는 의미 있었던 순간]을 이야기로 담는다.
4. [마무리 감사 인사]로 끝맺는다.

[E] 예시:

"부서: [중고등부], 연도: [2024년].

올해 진행한 주요 사역과 감사 제목을 포함하여 연말 사역 보고서 문단 2개를 작성해 주세요."

15) 주간 교역자 회의록 요약

[R] 역할: 당신은 [의사결정을 명확하게 정리해주는 회의 기록가]입니다.

[I] 의도: [사역자들이 공유해야 할 회의 내용을 간결하게 요약해 혼선을 줄이기 위함]입니다.

[T] 작업: [회의 날짜], [참석자], [결정사항], [실행담당]을 포함한 회의 요약문을 작성해 주세요.

[S] 스텝:
  1. [회의 제목과 날짜]를 상단에 명시한다.
  2. [3~5가지 논의 주제]를 정리한다.
  3. 각 안건마다 [결정 내용 + 담당자]를 기록한다.
  4. [향후 일정 or 요청 사항]으로 마무리한다.

[E] 예시:

"회의: [5월 넷째 주 교역자 회의].

핵심 회의 안건 4개를 요약 정리해 주세요. 각 항목은 '안건–결정사항–담당' 형식입니다."

16) 생일 문자 자동 작성

[R] 역할: 당신은 [개인적이면서도 은혜로운 축복을 전하는 축하 메신저]입니다.

[I] 의도: [생일을 맞은 성도에게 정형화되지 않은 따뜻한 축복의 문자를 전달하기 위함]입니다.

[T] 작업: [성도 이름], [나이대], [축복의 말씀], [기도 문장]을 포함한 축하 메시지를 작성해 주세요.

[S] 스텝:
  1. [성도 이름 또는 호칭]을 부드럽게 부른다.
  2. 생일을 맞아 감사와 축복을 표현한다.
  3. [성경 말씀 or 삶의 소망]을 한 줄로 전달한다.
  4. [짧은 기도 또는 응원 문장]으로 마무리한다.

[E] 예시:

"수신자: [김집사님], 50대.

생일 축복 메시지를 4문장 이내로 작성해 주세요. 어투는 따뜻하고 정중하게."

17) 교회 현수막 문구 제안

[R] 역할: 당신은 [교회의 계절과 사역을 한 줄로 표현하는 신앙 카피라이터]입니다.
[I] 의도: [눈에 띄고 기억에 남는 문장으로 하나님의 메시지를 전달하기 위함]입니다.
[T] 작업: [행사명 or 계절], [주제 말씀], [성도 대상]에 맞는 문구 3개를 제안해 주세요.
[S] 스텝:
 1. [행사/계절/상황]을 입력한다.
 2. [중심 주제 or 성경구절]을 추출한다.
 3. [타겟층 감성]에 맞는 문장을 구성한다.
 4. 3개 문구를 [짧고 강하게] 정리해 보여준다.
[E] 예시:
"행사: [여름 성경학교], 주제: [하나님의 꿈을 따라가요].
초등학생을 위한 현수막 문구 3개를 제안해 주세요."

18) 교회 홈페이지 메인 인사말 구성

[R] 역할: 당신은 [교회 홈페이지 첫인상을 책임지는 환대의 목회자]입니다.
[I] 의도: [방문자가 교회에 대한 따뜻한 이미지와 신뢰를 가질 수 있도록 하기 위함]입니다.
[T] 작업: [교회명], [목표 비전], [예배 안내], [환영 메시지]를 포함한 메인 인사말을 작성해 주세요.
[S] 스텝:
 1. [교회 사명 or 비전 슬로건]을 소개한다.
 2. [공동체의 특성]을 간략히 설명한다.
 3. [예배 시간 안내]를 친절하게 전달한다.
 4. [첫 방문자에게 전하는 한 문장 환영 메시지]로 마무리한다.
[E] 예시:
"교회명: [은혜의숲교회], 비전: [예수님의 마음을 품은 교회].
홈페이지 인사말을 3~4문단으로 구성해 주세요. 어조는 따뜻하고 신뢰감 있게."

19) 교회 카카오톡 프로필 문구 작성

[R] 역할: 당신은 [온라인에서도 교회의 인상을 각인시키는 디지털 친절함의 설계자]입니다.

[I] 의도: [카카오톡 채널/단체방에 교회의 정체성과 사역 정보를 간결하게 알리기 위함]입니다.

[T] 작업: [교회명], [주일예배 시간], [한 줄 정체성 문구], [연락 방법]을 구성해 주세요.

[S] 스텝:

1. [교회 이름]과 [예배 시간]을 1줄로 구성한다.
2. [한 문장 정체성 슬로건]을 정리한다.
3. [대표 연락처 or 안내 링크]를 붙인다.
4. 전체를 [2~3줄 이내로 압축]해 보여준다.

[E] 예시:

"교회명: [드림처치], 예배: 주일 오전 11시.

문구: '꿈을 꾸는 공동체, 드림처치'.

프로필 문구로 3줄로 구성해 주세요."

20) 교회 행사 리마인드 메시지 자동화

[R] 역할: 당신은 [성도들이 중요한 행사를 잊지 않도록 안내하는 시간관리 도우미]입니다.

[I] 의도: [행사 전날 또는 당일에 리마인드 문자를 발송하여 참여율을 높이기 위함]입니다.

[T] 작업: [행사명], [일시], [장소], [드레스코드/준비물]을 포함한 문자 안내문을 작성해 주세요.

[S] 스텝:

1. [행사명 + 날짜/시간]을 명확히 밝힌다.
2. [장소 or 준비물]을 한 줄로 안내한다.
3. [기대감을 전하는 문장]으로 마무리한다.
4. 문장 수는 3줄 이내로 제한한다.

[E] 예시:

"행사: [청년 연합기도회], 일시: [5/26 토 오후 6시], 장소: [본당].

'찬양과 기도로 하나 되어 만납시다!'라는 문장을 포함한 리마인드 문자 3줄로 구성해 주세요."

21) 교회 행사 후기문 작성 프롬프트

[R] 역할: 당신은 [행사의 감동과 메시지를 기록으로 남기는 이야기 사역자]입니다.

[I] 의도: [성도들이 행사에 함께한 감사를 나누고, 다음 사역에 대한 기대감을 형성하도록 하기 위함]입니다.

[T] 작업: [행사명], [참여 인원], [주제/은혜 포인트]를 바탕으로 3문단 후기문을 작성해 주세요.

[S] 스텝:
 1. [행사 개요와 일시]를 간결히 소개한다.
 2. [현장의 은혜로운 장면 or 감동 포인트]를 묘사한다.
 3. [다음 사역을 향한 기대 또는 감사의 고백]으로 마무리한다.

[E] 예시:
"행사: [5월 청년부 연합 기도회], 참여: [약 70명].
감동의 현장을 전할 후기문 3문단을 작성해 주세요. 어투는 은혜롭고 간결하게."

22) 교회 로고 의미 해설 작성

[R] 역할: 당신은 [로고에 담긴 신앙의 상징성과 비전을 해석하는 소통 디자이너]입니다.

[I] 의도: [로고를 통해 교회의 신앙 정체성과 방향성을 성도와 공유하기 위함]입니다.

[T] 작업: [로고 색상], [도형], [구성의미]를 설명문 형태로 1문단으로 정리해 주세요.

[S] 스텝:
 1. [로고의 핵심 요소(색/형태/텍스트)]를 정리한다.
 2. 각 요소의 [신앙적 상징]을 연결하여 해석한다.
 3. 전체 로고가 전하고자 하는 [비전과 메시지]를 1문단으로 요약한다.

[E] 예시:
"로고: [푸른색 십자가 + 세 겹 원형].
색상과 형상에 담긴 의미를 교회 홈페이지에 게시할 해설문으로 1문단 작성해 주세요."

23) 교회 이름에 담긴 의미 설명문

[R] 역할: 당신은 [교회 이름에 담긴 성경적 의미를 스토리텔링으로 풀어주는 목회자]입니다.
[I] 의도: [교회 이름의 유래와 신학적 배경을 성도들과 새가족에게 이해시키기 위함]입니다.
[T] 작업: [교회명], [성경 구절], [의미]를 바탕으로 소개 글을 작성해 주세요.
[S] 스텝:
 1. [교회 이름]을 중심으로 [성경적 기초]를 밝힌다.
 2. [목회 철학 또는 설립 목적]을 연결해 설명한다.
 3. [성도에게 전하고 싶은 기대와 사명]으로 마무리한다.
[E] 예시:
 "교회명: [소망의길교회], 배경 말씀: [예레미야 29:11].
 교회 소개용 2문단 설명문을 작성해 주세요."

24) 교회 일정표 시각화 요청 프롬프트

[R] 역할: 당신은 [복잡한 교회 일정을 한눈에 보이게 정리하는 사역 캘린더 디자이너]입니다.
[I] 의도: [성도들과 리더들이 한 주의 일정을 빠르게 이해하고 준비할 수 있도록 돕기 위함]입니다.
[T] 작업: [요일별 사역], [시각/장소], [담당 부서]가 포함된 일정을 표로 정리해 주세요.
[S] 스텝:
 1. [월~주일]까지의 일정을 항목별로 나눈다.
 2. 각 항목에 [시간/장소/주제/담당자]를 붙인다.
 3. 이를 [한글 표 또는 시각 블록 형태]로 구성해 출력한다.
[E] 예시:
 "주간: [6월 3일 ~ 6월 9일], 일정: [새벽기도, 구역모임, 심방 등].
 보기 쉽게 정리된 표 형태로 일정을 시각화해 주세요."

25) 교회 리더 모임 초대 메시지 작성

[R] 역할: 당신은 [사역 리더들을 따뜻하고 품위 있게 초대하는 소통 관리자]입니다.
[I] 의도: [모임의 중요성과 기대를 전하여 자발적이고 열정적인 참여를 이끌어내기 위함]입니다.
[T] 작업: [모임 목적], [일시], [장소], [초대의 말]을 포함한 메시지를 작성해 주세요.
[S] 스텝:
 1. [초대 목적]을 첫 문장에 밝힌다.
 2. [모임 시간/장소/대상]을 안내한다.
 3. [리더로서의 기대와 감사를 전하는 한 문장]으로 마무리한다.
[E] 예시:
 "행사: [6월 교역자 기도회], 일시: [6/4 화 7PM], 장소: [교육관 2층].
 리더들에게 보낼 초대 메시지를 3문장으로 구성해 주세요."

26) 교회 리더를 위한 감동 인사말

[R] 역할: 당신은 [수고하는 리더들의 헌신을 격려하고 세워주는 목회자]입니다.
[I] 의도: [지속적인 섬김 속에 지친 리더들에게 하나님의 위로와 격려를 전하기 위함]입니다.
[T] 작업: [리더 직분], [최근 수고한 사역], [감사 인사], [한 줄 기도]를 포함해 4문장 메시지를 구성해 주세요.
[S] 스텝:
 1. [직분 호칭]으로 시작한다.
 2. 최근 사역에 대한 [구체적 언급 + 감사 표현]을 담는다.
 3. 하나님의 마음을 담은 [한 문장 위로]를 넣는다.
 4. [짧은 기도문]으로 마무리한다.
[E] 예시:
 "수신자: [김권사님], 사역: [구역모임 섬김].
 진심 어린 인사와 짧은 기도로 구성된 메시지를 4문장 이내로 작성해 주세요."

27) 전교인 수련회 행사계획 요약

[R] 역할: 당신은 [행사의 전체 흐름을 명확하게 설명하는 프로그램 기획자]입니다.

[I] 의도: [전체 일정을 한눈에 파악하고 원활한 행사 진행을 돕기 위함]입니다.

[T] 작업: [행사명], [주제], [시간표 요약], [주요 순서]를 요약해 주세요.

[S] 스텝:
 1. [수련회 개요: 명칭/일시/장소/주제]를 정리한다.
 2. [1일차~2일차] 흐름을 간단히 소개한다.
 3. 각 세션의 핵심만 요약 정리한다.

[E] 예시:
 "행사: [2025 전교인 여름 수련회], 주제: [말씀으로 새롭게],
  장소: [수안보하나수양관].
  요약 일정표와 핵심 순서를 5줄로 정리해 주세요."

28) 교회 내부 가이드북 안내 문구 작성

[R] 역할: 당신은 [교회 공간과 예배 규칙을 이해하기 쉽게 설명하는 친절한 해설자]입니다.

[I] 의도: [새가족과 외부 방문자가 교회 내 질서를 이해하고 편안하게 참여하도록 돕기 위함]입니다.

[T] 작업: [공간 안내], [주차/출입/예배 유의사항]을 5줄 안내문으로 정리해 주세요.

[S] 스텝:
 1. [입구와 출입 시 동선]을 간단히 설명한다.
 2. [주차와 안내 데스크 위치]를 명시한다.
 3. [예배 전후 주의사항]을 2줄 내외로 안내한다.
 4. 전체 문장은 [5줄 이내, 존댓말]로 구성한다.

[E] 예시:
 "공간: [본당/교육관], 주차장: [지하 1층], 예배 유의사항 포함.
  새가족 안내용으로 5줄 가이드 문구를 작성해 주세요."

29) 주일 광고문 자동화 요청

[R] 역할: 당신은 [광고를 간결하고 은혜롭게 정리하는 예배 커뮤니케이터]입니다.

[I] 의도: [광고 시간의 집중도를 높이고, 혼잡한 정보 전달을 방지하기 위함]입니다.

[T] 작업: [행사/사역명], [일정/대상], [등록 안내 or 링크]를 포함한 광고 문구를 작성해 주세요.

[S] 스텝:

  1. [행사명 + 날짜/시간]을 1줄로 구성한다.

  2. [대상자, 신청 방법 or 장소]를 연결한다.

  3. [참여 독려 문장]을 따뜻하게 덧붙인다.

[E] 예시:

"행사: [중보기도팀 모집], 일정: [6월~8월], 신청: [사무실 or QR 코드].

광고 멘트를 3문장으로 정리해 주세요."

30) 성도 명단을 기반으로 자동 문자 생성

[R] 역할: 당신은 [데이터를 바탕으로 일관된 사랑의 메시지를 보내는 교회 메신저]입니다.

[I] 의도: [사역별 연락, 생일, 심방 등 상황별 문자 발송을 쉽게 구성하기 위함]입니다.

[T] 작업: [성도 이름], [문자 목적], [날짜], [주제 성구]를 포함한 문자 템플릿을 만들어 주세요.

[S] 스텝:

  1. [수신자 정보]를 자동으로 불러올 수 있게 구조화한다.

  2. [날짜/사유/인사말]을 한 문장으로 요약한다.

  3. [말씀 or 기도문]을 한 줄 넣는다.

  4. 전체를 3~4문장 이내의 메시지로 완성한다.

[E] 예시:

"성도명단: [김은혜 집사님 외 4명], 목적: [기도회 초청],

날짜: [6/7 금 7PM].

'오늘도 함께 기도하실 때 하나님의 은혜를 경험하시길 바랍니다'라는 문구 포함해 문자 3줄로 구성해 주세요."

5. 전도 및 양육 사역을 위한 ChatGPT 프롬프트 40개

1) 전도 대상자에게 보낼 감동 메시지

[A] 역할: 당신은 [복음을 부담 없이 전할 수 있도록 감동의 문장을 전달하는 전도자]입니다.
[C] 맥락: [전도 대상자]에게 [신앙의 관심을 유도할 짧고 진심 어린 메시지]가 필요합니다.
[T] 작업: [수신자 이름], [보내는 사람과의 관계], [복음적 문장], [초대 또는 기도 표현]을 포함한 3문장 메시지를 작성해 주세요.
[S] 예시:
"대상: [직장 동료 민수], 관계: [동료],
 복음을 소개하며, 주일예배 초대와 함께 짧은 문장으로 메시지를 구성해 주세요."

2) 새가족에게 보낼 첫 환영 메시지

[A] 역할: 당신은 [처음 교회를 방문한 사람에게 따뜻한 첫인상을 심어주는 안내자]입니다.
[C] 맥락: [첫 방문 후 등록한 새가족]에게 [교회에 대한 환영과 기대를 담은 문자]가 필요합니다.
[T] 작업: [이름], [방문 날짜], [교회명], [다음 만남 안내]를 포함한 환영 메시지를 작성해 주세요.
[S] 예시:
"이름: [박예은], 방문일: [6월 2일], 교회명: [하나비전교회].
 감사와 환영의 마음을 담은 3~4문장 메시지를 작성해 주세요."

3) 전도지에 쓸 한 문장 복음 소개

[A] 역할: 당신은 [한 줄로 복음의 핵심을 전할 수 있는 복음 요약자]입니다.
[C] 맥락: [거리 전도나 안내용 전도지]에 사용할 수 있는 [복음의 요약 문장]이 필요합니다.
[T] 작업: [대상자(연령/관심)], [신앙적 핵심 메시지], [말투 스타일]을 반영한 복음 문장을 1~2문장으로 작성해 주세요.

[S] 예시:
"대상: [10~20대], 핵심: [하나님은 당신을 사랑하십니다].
문체: 친근하고 대화형. 전도지 앞면에 넣을 수 있는 복음 문장을 제안해 주세요."

4) 초신자에게 전하는 첫 복음 메시지

[A] 역할: 당신은 [신앙이 막 시작된 이에게 복음의 기초를 쉽게 풀어주는 목회자]입니다.
[C] 맥락: [예수님을 믿기로 결심한 초신자]에게 [간단하고 따뜻한 복음 메시지]가 필요합니다.
[T] 작업: [성경 구절], [구원의 확신], [하나님의 사랑]이 담긴 3문단 내외 메시지를 작성해 주세요.
[S] 예시:
"대상: [세례를 준비 중인 청년],
예수님을 믿는 삶이 어떤 의미인지 복음의 핵심으로 3문단 메시지를 구성해 주세요."

5) 전도 대상자별 기도문 자동 생성

[A] 역할: 당신은 [전도 대상자 한 사람 한 사람을 위해 중보하는 기도 목회자]입니다.
[C] 맥락: [전도 대상자의 이름과 상황]을 바탕으로 [하나님의 인도하심을 구하는 중보 기도문]이 필요합니다.
[T] 작업: [이름], [상황], [신앙의 눈이 열리도록 하는 간구]를 포함한 기도문을 작성해 주세요.
[S] 예시:
"대상자: [이수연], 상황: [직장 내 스트레스로 신앙에 무관심].
복음을 향한 마음이 열리도록 4문장 기도문을 작성해 주세요."

6) VIP 초청 문자 자동 작성

[A] 역할: 당신은 [교회에 처음 오는 이들을 부담 없이 초대하는 전도 코디네이터]입니다.
[C] 맥락: [전도 축제, 초청 주일, 새가족 환영회] 등에 VIP를 초대하는 문자 메시지가 필요합니다.
[T] 작업: [이름], [초청 목적], [행사 정보], [말투 스타일]을 포함한 3~4문장 초대 메시지를 작성

해 주세요.

[S] 예시:

"이름: [박태훈], 초청: [6월 9일 새가족 환영 주일].

말투: 자연스럽고 친근하게. 부담 없이 올 수 있도록 구성해 주세요."

7) 새가족 환영 카드 문구 작성

[A] 역할: 당신은 [공동체의 사랑을 손글씨 한 장에 담는 축복 메신저]입니다.

[C] 맥락: [첫 방문한 새가족에게 드릴 카드에 쓸 따뜻한 문구]가 필요합니다.

[T] 작업: [교회 이름], [환영 인사], [하나님의 사랑 표현]을 2~3문장으로 작성해 주세요.

[S] 예시:

"교회명: [주은총교회], 대상: [첫 방문 새가족].

카드에 직접 써드릴 수 있도록 은혜로운 축복 문구를 3문장으로 작성해 주세요."

8) 초신자 양육 단계별 안내 메시지

[A] 역할: 당신은 [초신자들이 혼란 없이 믿음의 단계를 따라가도록 돕는 안내자]입니다.

[C] 맥락: [초신자 양육 과정(4~8주)]에 따라 [각 주차별 학습 내용 및 안내 메시지]가 필요합니다.

[T] 작업: [양육 주차], [내용 주제], [적용 질문], [과제 or 큐티]를 포함한 메시지를 작성해 주세요.

[S] 예시:

"주차: [2주차], 주제: [예수님은 누구신가].

이번 주 배운 내용을 요약하며 다음 모임 전까지 실천할 점을 포함한 메시지를 만들어 주세요."

9) 세례 교육 안내문 작성

[A] 역할: 당신은 [세례 받기 전 신앙 준비 과정을 따뜻하게 안내하는 목회자]입니다.

[C] 맥락: [세례 후보자]에게 [교육 일정, 준비물, 기도제목] 등을 안내하는 메시지가 필요합니다.

[T] 작업: [세례 교육 시작일], [필요물품], [기도제목], [격려 메시지]를 포함해 안내문을 작성해 주세요.

[S] 예시:

"세례자: [홍지민], 시작일: [6월 16일],

세례까지 준비할 수 있도록 안내사항 + 말씀 위로를 담은 문장을 구성해 주세요."

10) 양육 후 수료 축하 메시지

[A] 역할: 당신은 [성장의 여정을 걸어온 성도를 축복하며 다음 걸음을 인도하는 격려자]입니다.

[C] 맥락: [양육과정(말씀훈련/일대일 등)을 마친 성도]에게 [진심 어린 수료 축하 메시지]가 필요합니다.

[T] 작업: [이름], [수료한 과정명], [배운 핵심], [격려 문장]을 포함해 메시지를 작성해 주세요.

[S] 예시:

"수료자: [이영수], 과정: [기초 성경공부 6주].

배운 내용을 축하하며 '이제 다음 걸음을 함께 나아갑시다'는 느낌으로 메시지를 작성해 주세요."

11) 새가족 전화 심방용 대화 스크립트

[R] 역할: 당신은 [첫 만남 이후 관계를 이어주는 전화 심방 사역자]입니다.

[I] 의도: [새가족이 교회에 대해 더 친근감을 느끼고 다음 예배에도 연결되도록 하기 위함]입니다.

[T] 작업: [이름], [방문일], [예배 소감 질문], [기도제안]을 포함한 전화 대화 스크립트를 만들어 주세요.

[S] 스텝:

1. [자기소개 + 이름 확인]

2. [지난 방문에 대한 감사 표현]
   3. [예배 또는 교회 첫인상 질문]
   4. [기도 제목 요청 + 다음 예배 안내]
[E] 예시:
 "이름: [김지은], 방문일: [6월 9일],
 전화를 걸어 새가족에게 인사하고, 지난 예배에 대한 느낌을 나누며,
 기도 제목을 받고 초청하는 4단계 대화를 구성해 주세요."

12) 양육 대상자 1:1 맞춤 피드백 메시지

[R] 역할: 당신은 [양육의 흐름 속에서 개인별 반응을 존중하고 격려하는 성장 동반자]입니다.
[I] 의도: [각자의 믿음의 걸음을 잘 따라가고 있다는 자신감을 심어주기 위함]입니다.
[T] 작업: [이름], [이번 주 배운 내용], [개인 태도 or 반응], [격려 문장]을 포함한 메시지를 작성해 주세요.
[S] 스텝:
  1. [이름 + 이번 주 주제 언급]
  2. [수업 중 보여준 긍정적인 반응 or 성실함 표현]
  3. [감사 + 다음 단계에 대한 기대]
[E] 예시:
 "대상: [최성우], 주제: [기도란 무엇인가].
 수업에서 보여준 태도를 칭찬하고, 다음 주제에 대한 기대를 전하는 메시지를 작성해 주세요."

13) 세례식 안내 및 초청 메시지

[R] 역할: 당신은 [세례를 신앙의 축제로 초대하는 예배 코디네이터]입니다.
[I] 의도: [세례를 앞둔 성도들이 감동 속에 준비하고, 주변 지인들과 함께 기뻐하도록 돕기 위함]입니다.
[T] 작업: [이름], [세례식 일시/장소], [지인 초청], [기도 요청]을 포함한 메시지를 작성해 주세요.
[S] 스텝:
  1. [세례 대상자에게 세례식 일정 공지]
  2. [지인 초청을 권유하는 문장 작성]

3. [기도 제목 공유 요청]

[E] 예시:

"이름: [장서윤], 세례일: [6월 23일(주일) 2부예배].

기쁨을 함께 나눌 수 있도록, 초청과 기도 요청을 담은 메시지를 구성해 주세요."

14) 전도 대상자별 감사편지 작성

[R] 역할: 당신은 [복음을 전했으나 아직 믿음의 결단을 내리지 않은 이를 끝까지 품는 감사 전도자]입니다.

[I] 의도: [비신자와의 관계를 감동으로 이어가며 복음의 씨앗을 지키기 위함]입니다.

[T] 작업: [이름], [만남 계기], [함께한 시간의 의미], [계속 기도하겠다는 표현]을 포함한 편지글을 작성해 주세요.

[S] 스텝:
   1. [감사의 인사와 이름 언급]
   2. [함께한 자리에서의 감동 회상]
   3. [복음을 전할 수 있었던 감사 표현]
   4. [계속 기도하고 있다는 메시지로 마무리]

[E] 예시:

"대상: [정성훈], 계기: [어버이주일 초청예배 동행].

지금은 믿지 않아도 당신은 귀한 분이라는 메시지를 담은 감사 편지 1문단 작성해 주세요."

15) 양육 수료증 문구 자동 생성

[R] 역할: 당신은 [양육의 결실을 진심으로 축복하는 목회자]입니다.

[I] 의도: [수료자가 한 걸음을 완주했다는 자긍심과 다음 걸음을 위한 격려를 전달하기 위함]입니다.

[T] 작업: [이름], [수료 과정명], [기간], [격려 구절]이 포함된 수료증용 문구를 작성해 주세요.

[S] 스텝:
   1. [이름과 과정명]을 강조
   2. [6주/8주 등 수료 기간]을 명시
   3. [말씀 구절 한 줄 포함]

    4. [다음 여정을 향한 축복]으로 마무리
[E] 예시:
"이름: [이하민], 과정: [예수님을 따라], 기간: [6주].
수료증에 들어갈 감동적인 축하 문구를 작성해 주세요."

16) 전도 축제 초대장 문구

[R] 역할: 당신은 [행사의 목적을 부담 없이 설명하고 마음을 여는 초대 전문가]입니다.
[I] 의도: [전도 대상자들이 신앙에 대한 거부감 없이 교회에 첫발을 디딜 수 있도록 하기 위함]입니다.
[T] 작업: [행사명], [날짜/시간], [분위기 설명], [함께 하자 초대 문장]을 포함한 초대장 문구를 작성해 주세요.
[S] 스텝:
 1. [행사명 + 일정] 소개
 2. [분위기나 내용(예: 간식, 공연, 메시지)] 간단 설명
 3. ['꼭 왔으면 좋겠어요' 스타일 초대 문장]으로 마무리
[E] 예시:
"행사: [행복한 봄맞이 찬양축제], 일정: [6월 30일(주일) 오후 2시].
부드럽고 밝은 초대 메시지 3문장으로 구성해 주세요."

17) 양육반 개강 알림 메시지

[R] 역할: 당신은 [성장이 필요한 성도에게 훈련의 기회를 소개하는 성장 코치]입니다.
[I] 의도: [신앙적 기초가 약한 성도가 자연스럽게 훈련에 참여하도록 독려하기 위함]입니다.
[T] 작업: [과정명], [개강일], [수강 대상], [한 줄 초대]를 포함한 문자 메시지를 작성해 주세요.
[S] 스텝:
 1. [양육 과정명 + 개강일]을 알린다.
 2. [수강 대상]을 간략히 제시한다.
 3. ['함께 하시면 분명 유익할 거예요'] 스타일 초대 멘트로 마무리
[E] 예시:
"과정: [신앙기초학교], 개강: [6/20(목) 오전 10시], 대상: [새가족 및 초신자].

문자 메시지 형식으로 3문장 구성해 주세요."

18) 전도 후 감사&팔로업 문자

[R] 역할: 당신은 [복음을 전한 뒤 관계를 잇는 배려 깊은 전도 사역자]입니다.
[I] 의도: [예배 참석 후 부담 없이 다시 연결되어 마음이 열릴 수 있도록 하기 위함]입니다.
[T] 작업: [이름], [예배 참석일], [감사 인사], [재방문 초대 or 기도 메시지]를 구성해 주세요.
[S] 스텝:
  1. [방문에 대한 감사 인사]
  2. [함께해 주셔서 의미 있었다는 표현]
  3. [기도하고 있다는 한 문장 or 다음 초대 문장]
[E] 예시:
"이름: [박세진], 첫 방문: [6월 2일].
감사와 기도 마음을 담아 문자 3문장으로 구성해 주세요."

19) 양육반 출석 체크 문장 자동화

[R] 역할: 당신은 [학습 흐름과 참여율을 자연스럽게 이어주는 교회 훈련 관리자]입니다.
[I] 의도: [양육 참여자들이 부담 없이 출석을 확인하고, 메시지를 주고받을 수 있도록 하기 위함]입니다.
[T] 작업: [이름], [수업 날짜], [출석 확인 질문], [격려 표현]을 포함한 메시지를 작성해 주세요.
[S] 스텝:
  1. [이름 + 오늘 수업 확인 인사]
  2. [출석 여부 질문]
  3. [참여에 대한 기대 또는 짧은 말씀 구절]
[E] 예시:
"이름: [김유진], 날짜: [6/13 목요일].
'오늘 수업에 뵐 수 있을까요?'라는 톤으로 3문장 작성해 주세요."

20) 복음 메시지를 전할 때 사용할 1분 복음문

[R] 역할: 당신은 [짧은 시간 안에 복음을 전할 수 있도록 정리해주는 복음 요약가]입니다.

[I] 의도: [버스, 엘리베이터, 전화 등 아주 짧은 상황 속에서도 복음을 잃지 않고 말할 수 있도록 돕기 위함]입니다.

[T] 작업: [복음 핵심(죄-십자가-사랑-결단)]을 1분 내 말할 수 있도록 정리된 문장으로 작성해 주세요.

[S] 스텝:
　1. [인간의 문제(죄)] 한 문장
　2. [예수님의 십자가와 부활] 요약
　3. [하나님의 사랑과 당신을 향한 계획]
　4. [결단의 권유 or 질문으로 마무리]

[E] 예시:
　"상황: [엘리베이터 안에서 전도할 기회].
　1분 복음 메시지를 자연스럽게 연결되는 4문장 구성으로 만들어 주세요."

21) 여름성경학교 캐릭터 이미지 생성

[R] 역할: 당신은 [어린이 사역의 메시지를 생동감 있게 표현하는 시각 창작자]입니다.

[I] 의도: [VBS(여름성경학교) 콘텐츠에 어울리는 귀엽고 일관된 캐릭터를 제작하기 위함]입니다.

[T] 작업: [캐릭터 성별/연령/포즈], [테마 색상], [배경], [일러스트 스타일]을 포함한 이미지 요청 프롬프트를 생성해 주세요.

[S] 스텝:
　1. [캐릭터 컨셉: 나이, 성별, 표정] 설정
　2. [의상/소품/주제 컬러] 선택
　3. [배경 포함 여부] 결정
　4. [스타일: 동화풍, 픽사풍, 만화체 등] 선택 후 프롬프트 구성

[E] 예시:
　"7세 여아, 노란 티셔츠에 십자가 목걸이, 기도하는 포즈, 배경: 밝은 교실.
　스타일: 파스텔톤 동화풍. 여름성경학교 캐릭터 이미지 생성 프롬프트로 작성해 주세요."

22) 설교 썸네일 디자인용 프롬프트

[R] 역할: 당신은 [온라인 예배 콘텐츠의 집중도를 높이는 영상 썸네일 디자이너]입니다.

[I] 의도: [설교 제목과 메시지를 효과적으로 시각화해 클릭률을 높이기 위함]입니다.

[T] 작업: [설교 제목], [대표 키워드/상징], [색상 톤], [배경 이미지]를 포함한 썸네일 이미지 프롬프트를 작성해 주세요.

[S] 스텝:
 1. [설교 제목 + 핵심 키워드] 도출
 2. [상징적 장면/오브젝트] 선택
 3. [색조와 분위기 설정]
 4. [영상용 썸네일 프레임(16:9)]에 맞춰 스타일 적용

[E] 예시:

"제목: '마른 뼈에 생기를', 상징: 마른 뼈 + 생명 나뭇잎, 톤: 어두운 배경 + 초록 강조, 스타일: 다큐멘터리 썸네일 느낌. 프롬프트로 구성해 주세요."

23) 묵상 이미지 배경 생성 요청

[R] 역할: 당신은 [성도들의 영적 일상에 은혜로운 배경을 제공하는 묵상 콘텐츠 디자이너]입니다.

[I] 의도: [말씀 묵상 또는 기도시간에 사용할 성적인 배경 이미지를 제작하기 위함]입니다.

[T] 작업: [주제 말씀], [감정 톤], [색상], [배경 공간]을 포함한 이미지 프롬프트를 생성해 주세요.

[S] 스텝:
 1. [묵상 주제 or 성경구절] 선정
 2. [느껴질 감정: 평안/고요/회개 등] 정리
 3. [배경 공간: 숲/하늘/강가/의자 등] 설정
 4. 스타일/조명/텍스처 포함한 프롬프트 작성

[E] 예시:

"주제: 회복의 기도. 공간: 빈 예배당 의자, 톤: 부드러운 햇살과 나무결. 텍스트 없이 사용할 묵상 배경 프롬프트로 구성해 주세요."

24) 기도문과 함께 쓸 이미지 요청

[R] 역할: 당신은 [기도의 감정을 시각으로 표현해주는 영적 디자이너]입니다.

[I] 의도: [기도문과 함께 배치할 수 있는 이미지로, 기도의 감정과 깊이를 더하기 위함]입니다.

[T] 작업: [기도 주제], [기분/톤], [상징], [이미지 비율]을 포함한 일러스트 요청문을 작성해 주세요.

[S] 스텝:
 1. [기도 주제: 감사/회개/중보/소망 등] 선택
 2. [톤: 따뜻함, 간절함, 침묵 등] 정의
 3. [기호적 이미지 or 상징 오브젝트] 결정
 4. [세로형 or 정사각형 비율] 명시 후 스타일 포함해 구성

[E] 예시:
 "기도 주제: 회개의 기도, 톤: 차분하고 어두움, 상징: 십자가 앞에 무릎 꿇은 사람,
 비율: 인스타용 정사각형, 스타일: 수채화."

25) 교회 브랜딩용 피규어 스타일 생성

[R] 역할: 당신은 [교회 상징과 철학을 캐릭터로 구현하는 정체성 디자이너]입니다.

[I] 의도: [교회의 비전과 메시지를 대표할 피규어 캐릭터를 디자인하기 위함]입니다.

[T] 작업: [연령대/남녀], [표정], [의상/소품], [교회 상징 요소]를 포함한 피규어 스타일 프롬프트를 작성해 주세요.

[S] 스텝:
 1. [대표 캐릭터 나이대/성별/분위기] 설정
 2. [소품 or 포즈: 성경, 십자가, 기도 손 등] 포함
 3. [교회 슬로건 or 상징 색상 반영]
 4. [피규어 스타일: 3D, SD, 손인형 등]로 구체화

[E] 예시:
 "20대 청년, 웃는 얼굴, 성경을 들고 한 손을 높이 든 포즈.
 색상: 보라/금. 스타일: 3D 피규어. 교회 브랜드용 캐릭터 이미지 프롬프트로 구성해 주세요."

26) 동일 캐릭터 시리즈 생성 프롬프트

[R] 역할: 당신은 [성경 스토리를 시리즈로 연결할 수 있는 캐릭터 아트 디렉터]입니다.
[I] 의도: [일관된 캐릭터로 여러 주제를 아동·청소년에게 시각적으로 전달하기 위함]입니다.
[T] 작업: [기본 캐릭터 설명], [장면 변화], [포즈/표정 다양화]를 시리즈화할 수 있는 프롬프트로 정리해 주세요.
[S] 스텝:
 1. [기본 캐릭터 설정: 이름/나이/의상] 고정
 2. [에피소드별 장면: 기도/찬양/전도 등] 나열
 3. [각 장면에 따른 포즈/소품 변화] 적용
 4. 각 장면 프롬프트를 동일 캐릭터 조건으로 반복 구성
[E] 예시:
"캐릭터: 요셉, 소년 복장.
 ① 형들에게 채색옷 받는 장면,
 ② 감옥에서 기도하는 장면,
 ③ 총리가 되어 손 내미는 장면.
 3개의 동일 캐릭터 프롬프트로 작성해 주세요."

27) 스마트폰 배경화면용 성경 이미지

[R] 역할: 당신은 [성도들이 하루에도 몇 번씩 복음을 접하게 만드는 모바일 디자이너]입니다.
[I] 의도: [개인 묵상과 복음 고백이 스마트폰 배경에 자연스럽게 스며들도록 하기 위함]입니다.
[T] 작업: [말씀 구절], [톤/색감], [폰트 느낌], [배경 이미지]를 포함한 세로형 이미지 프롬프트를 구성해 주세요.
[S] 스텝:
 1. [말씀 구절] 선정 및 제목화
 2. [배경 이미지: 하늘, 빛, 자연 등] 선택
 3. [톤과 색상: 모노톤/파스텔/강조색 등] 명시
 4. [폰트 스타일 + 여백 위치] 설정
[E] 예시:
"말씀: [로마서 8:28], 배경: 흐린 하늘에 떠오르는 빛,
 색조: 청회색 톤, 폰트: 캘리 느낌. 세로형 배경화면 프롬프트로 구성해 주세요."

28) 명절용 감사카드 이미지 프롬프트

[R] 역할: 당신은 [하나님의 사랑을 계절의 따뜻함 속에 담아 전하는 절기 디자이너]입니다.

[I] 의도: [명절 인사와 복음이 함께 전해지는 카드 이미지를 제작하기 위함]입니다.

[T] 작업: [명절 종류], [인사말 주제], [배경 이미지], [폰트 스타일]을 포함한 프롬프트를 작성해 주세요.

[S] 스텝:
 1. [절기 종류: 추석, 설날 등] 명시
 2. [하나님의 은혜/가족 사랑] 등 키워드 선정
 3. [배경: 가족 상, 교회 외관, 자연 등] 설정
 4. [손글씨 스타일 문구 위치] 조정 포함

[E] 예시:
"명절: 추석, 메시지: '풍성한 은혜가 가정 위에', 배경: 고향 들판, 색조: 따뜻한 갈색/주황, 폰트: 손글씨체. 카드 이미지 생성용 프롬프트를 작성해 주세요."

29) 믿음 고백용 카드뉴스 프롬프트

[R] 역할: 당신은 [짧은 고백과 이미지로 하루의 믿음을 고백하게 하는 콘텐츠 크리에이터]입니다.

[I] 의도: [신앙 고백을 시각적으로 표현해 청년/성도들이 SNS로 쉽게 나눌 수 있도록 하기 위함]입니다.

[T] 작업: [고백 문장], [배경 이미지], [감정 톤], [스타일]을 포함한 5장 카드뉴스용 프롬프트를 구성해 주세요.

[S] 스텝:
 1. [고백 문장 1~2개]를 선정
 2. [배경 이미지: 교회, 하늘, 십자가 등] 설정
 3. [톤: 밝음/침착/강조] 지정
 4. [5장 구성: 표지-고백-말씀-적용-기도] 프롬프트로 나누어 생성

[E] 예시:
"고백: '오늘도 주님을 의지합니다', 배경: 흐린 하늘과 손을 모은 사람. 밝고 따뜻한 톤으로 5장 구성 카드뉴스용 프롬프트를 만들어 주세요."

30) 다음세대 주제별 키비주얼 요청

[R] 역할: 당신은 [아이들의 눈과 마음에 복음을 각인시키는 다음세대 이미지 디자이너]입니다.

[I] 의도: [유아/아동/청소년 예배에 맞는 비주얼 아이덴티티 이미지를 제공하기 위함]입니다.

[T] 작업: [대상 연령], [예배 주제], [톤/스타일], [사용 공간(PPT/포스터/현수막)]을 포함한 키비주얼 요청 프롬프트를 작성해 주세요.

[S] 스텝:
1. [연령대(5세/초등/중등)]를 명확히 한다
2. [주제(예: 믿음/회복/용서)]를 설정
3. [공간(예배 화면용, 배너, 현수막 등)] 선택
4. [캐릭터 포함 여부, 스타일 등] 명시해 프롬프트 작성

[E] 예시:
"대상: 초등 2학년, 주제: '용서받은 자의 기쁨', 톤: 밝고 파스텔.
공간: 예배 PPT 키비주얼용, 스타일: 유아 캐릭터 중심. 프롬프트로 구성해 주세요."

31) 목회자 프로필 아트워크 요청

[R] 역할: 당신은 [목회자의 이미지를 신뢰감 있게 시각화하는 브랜드 디자이너]입니다.

[I] 의도: [교회 홈페이지, 브로셔, 유튜브 커버 등에 사용할 목회자 전용 프로필 이미지를 제작하기 위함]입니다.

[T] 작업: [인상/표정], [의상], [배경], [스타일(수채화/사진/아바타)]을 포함해 프롬프트를 작성해 주세요.

[S] 스텝:
1. [목회자 연령대/성별/표정] 설정
2. [의상(예: 정장+성경 들고 있음 등)] 정의
3. [배경: 교회 내부/서재/구름 배경 등] 선택
4. [스타일: 리얼/일러스트/3D 등] 명시 후 구성

[E] 예시:
"50대 남성 목회자, 미소 짓고 성경을 든 포즈,
배경: 고요한 서재, 스타일: 인물 중심 수채화 느낌.
교회 홈페이지용 프로필 이미지 생성 프롬프트로 작성해 주세요."

32) 실루엣 이미지 스타일 요청

[R] 역할: 당신은 [심플한 감동을 전달하는 시각 메시지 기획자]입니다.

[I] 의도: [설교 배경, 인스타 메시지용, 묵상 카드 등에 사용할 단순한 이미지 스타일을 구성하기 위함]입니다.

[T] 작업: [인물 or 장면], [동작], [배경 색조], [전체 분위기]를 포함한 실루엣형 이미지 요청문을 작성해 주세요.

[S] 스텝:
  1. [장면: 기도/예배/찬양/걷는 장면 등] 설정
  2. [동작 강조: 손 모음/고개 숙임 등] 명시
  3. [배경: 단색 or 그러데이션] 지정
  4. [감정 코드: 고요/도전/소망 등] 포함

[E] 예시:

"기도하는 사람의 실루엣,

배경: 어두운 파란 그라데이션, 감정 톤: 간절함.

묵상 카드용 이미지 프롬프트로 작성해 주세요."

33) 교회 로고 일러스트 스타일 제안

[R] 역할: 당신은 [교회의 정체성을 상징적으로 담아내는 시각 브랜드 설계자]입니다.

[I] 의도: [로고를 말씀 중심, 공동체 중심 등 교회 철학에 맞춰 시각화하기 위함]입니다.

[T] 작업: [상징 요소(십자가/물고기/등불 등)], [색조], [형태감(둥글/직선)], [스타일(아이콘/벡터/수채화)]를 포함한 로고 프롬프트 작성

[S] 스텝:
  1. [교회 철학에 맞는 상징 요소 1~2개] 설정
  2. [형태: 원형/사각/파동형 등] 선택
  3. [컬러 컨셉: 신뢰/평안/열정 등] 정리
  4. [스타일: 미니멀/일러스트/수묵화] 명시

[E] 예시:

"상징: 십자가 + 파도, 형태: 둥근 물결 안에,

색상: 짙은 파랑과 흰색 조합, 스타일: 선명한 벡터.

로고 이미지 프롬프트로 구성해 주세요."

34) 주보 커버 일러스트 요청

[R] 역할: 당신은 [주간 예배의 분위기를 첫 장에 담아내는 시각 서론 디자이너]입니다.

[I] 의도: [예배 주제에 맞는 일러스트 커버로 성도들의 마음을 열기 위함]입니다.

[T] 작업: [예배 주제 or 말씀], [시각 상징], [배경 색조], [글자 삽입 여부] 포함 프롬프트를 작성해 주세요.

[S] 스텝:
 1. [주제 말씀 or 설교 제목] 명시
 2. [그에 맞는 상징 장면/자연/오브젝트] 설정
 3. [전체 톤과 색상 조합] 지정
 4. [글자 삽입 공간 고려 여부] 포함

[E] 예시:
"주제: '주의 손 안에 있는 삶',
 상징: 하나님의 손바닥 위에 앉은 작은 사람,
 배경: 파스텔 블루, 텍스트 공간 상단 여백 포함."

35) 전도지용 컬러풀한 이미지 요청

[R] 역할: 당신은 [길거리에서도 눈길을 끌 수 있는 컬러 복음 디자이너]입니다.

[I] 의도: [전도지를 통해 복음을 시각적으로 부드럽고 강렬하게 전달하기 위함]입니다.

[T] 작업: [복음 주제(사랑/용서/회복)], [밝은 색조], [상징물], [감정톤]을 포함해 이미지 프롬프트 작성

[S] 스텝:
 1. [전하고 싶은 복음의 키워드] 정리
 2. [시각 상징: 십자가/심장/하늘/씨앗 등] 설정
 3. [톤: 비비드/파스텔/화이트] 조합
 4. [1:1 또는 A5 전도지용 비율] 명시

[E] 예시:
"주제: '용서와 새 출발', 배경: 피어나는 새싹과 햇살,
 색상: 연두 + 노란 포인트, 스타일: 밝은 일러스트.
 전도지 앞면 이미지용 프롬프트로 작성해 주세요."

36) 말씀 액자용 수채화 스타일 요청

[R] 역할: 당신은 [가정과 교회 공간에 은혜의 말씀을 아름답게 담는 인테리어 디자이너]입니다.
[I] 의도: [말씀을 담은 액자용 이미지로 공간에 복음의 향기를 더하기 위함]입니다.
[T] 작업: [성구], [시각 상징], [톤/배경], [폰트 위치]를 포함해 수채화 스타일 프롬프트 작성
[S] 스텝:
 1. [본문 말씀 + 한 줄 강조 문구] 입력
 2. [상징 이미지: 양/등불/물가 등] 선택
 3. [수채화 질감과 붓터치 톤] 지정
 4. [글자 위치: 중앙/하단 등] 고려
[E] 예시:
 "말씀: 시편 121:1, 상징: 산을 바라보는 사람의 뒷모습,
 스타일: 부드러운 수채화 배경, 텍스트: 아래쪽 중앙 정렬.
 말씀 액자용 프롬프트로 구성해 주세요."

37) 찬양 영상 배경 이미지 프롬프트

[R] 역할: 당신은 [찬양 가사의 감정을 시각화하여 영상의 은혜를 배가하는 예배 영상 디자이너]입니다.
[I] 의도: [배경 이미지로 찬양 가사의 메시지를 시각적으로 전달하기 위함]입니다.
[T] 작업: [찬양 제목 or 후렴], [감정 키워드], [배경 공간], [스타일] 포함 프롬프트 작성
[S] 스텝:
 1. [찬양 제목 or 가사 핵심 문구] 지정
 2. [느껴지는 감정(감사/사랑/회개)] 도출
 3. [배경 장면: 바다/십자가/하늘] 선택
 4. [스타일: 빛 효과, 반투명 배경 등] 포함
[E] 예시:
 "곡: '나는 믿네', 후렴: '주를 믿네',
 배경: 어두운 무대 + 한 줄기 빛, 스타일: 부드러운 블러 효과.
 찬양 영상 백그라운드용 프롬프트 작성해 주세요."

38) 예배 안내 배너 디자인 요청

[R] 역할: 당신은 [교회 로비에서 성도의 시선을 붙잡는 정보 전달 디자이너]입니다.

[I] 의도: [예배 시간과 장소를 시각적으로 한눈에 알리기 위함]입니다.

[T] 작업: [예배명], [시간/장소], [색조], [아이콘 포함 여부]를 명시한 배너 프롬프트 생성

[S] 스텝:
1. [예배명 + 시간/장소] 기입
2. [시선 끌 색상 + 명도 대비] 조합
3. [아이콘/일러스트 삽입 여부] 결정
4. [세로형 60x180cm 배너 기준] 프롬프트로 작성

[E] 예시:

"예배: 수요말씀예배, 시간: 저녁 7시 본당.
배경: 하늘색+짙은 남색 대비, 아이콘: 열린 성경.
로비용 세로 배너 프롬프트로 구성해 주세요."

39) AI 피규어 시리즈화 템플릿 요청

[R] 역할: 당신은 [한 인물을 다양한 포즈와 복장으로 변주해 시리즈화하는 캐릭터 프로듀서]입니다.

[I] 의도: [교회 사역, 절기, 상황별로 일관된 캐릭터를 활용하기 위함]입니다.

[T] 작업: [기본 캐릭터 설정], [다양한 포즈], [복장 변경], [스타일 일치 조건] 포함 프롬프트 템플릿 생성

[S] 스텝:
1. [기본 캐릭터(나이/성별/헤어스타일)] 고정
2. [복장: 일상/예배복/성탄의상 등] 버전화
3. [포즈: 기도/손짓/설교/웃음 등] 조합
4. [스타일/배경]은 동일하게 통일

[E] 예시:

"캐릭터: 30대 남성 목회자,
① 설교 시 손을 펴는 장면(정장),
② 성찬식 장면(가운),

③ 아이들과 인사하는 장면(캐주얼).
3가지 프롬프트를 동일 캐릭터 기반으로 작성해 주세요."

40) 동일 메시지의 연작 이미지 요청

[R] 역할: 당신은 [한 성경 메시지를 시각적으로 단계화하여 나누는 이미지 시리즈 디자이너]입니다.

[I] 의도: [동일한 주제를 시리즈로 구성해 반복 노출과 단계별 메시지를 전달하기 위함]입니다.

[T] 작업: [핵심 주제], [3~5단계 변화], [배경 공통], [톤 유지]를 포함한 프롬프트 시리즈를 구성해 주세요.

[S] 스텝:
  1. [핵심 메시지 예: 회개-회복-헌신] 3~5단계로 분할
  2. [각 장면의 상징 이미지] 매칭
  3. [배경 톤과 스타일] 고정
  4. 시리즈형 이미지로 프롬프트 생성

[E] 예시:
"주제: '믿음의 성장',
 ① 어린 묘목(시작),
 ② 물과 햇빛을 받음(양육),
 ③ 나무가 자라 열매 맺음(결실).
동일 톤, 파스텔 배경, 일관된 시리즈 이미지로 구성해 주세요."

6. 설교문 구성을 위한 10가지 상황별 ChatGPT 프롬프트

1) 장례 위로 설교문 템플릿

[R] 역할: 당신은 [고인을 추모하며 유족을 위로하는 설교자]입니다.
[I] 의도: [하나님의 위로를 전하고, 고인의 삶과 믿음을 통해 복음을 선포]합니다.
[T] 작업:
  1. 설교 제목: [하나님은 눈물을 기억하십니다]
  2. 본문: [시편 56:8]
  3. 대상: [장례예배 유가족과 성도들]
  4. 톤: [부드럽고 위로 중심]
[S] 스텝:
  1. 고통과 상실에 공감
  2. 말씀 안에서 위로와 소망 제시
  3. 고인의 믿음을 통한 신앙적 유산 강조
  4. 부활과 영원한 생명 소망 선포
[E] 예시:
  [1) 서술형 위로 설교문 / 3) 기도문 / 5) 요약 카드뉴스]

2) 신년 비전 설교문 템플릿

[R] 역할: 당신은 [새해를 시작하는 성도에게 방향을 제시하는 설교자]입니다.
[I] 의도: [하나님과 함께 새해를 시작하도록 도전하고 격려]합니다.
[T] 작업:
설교 제목: 처음부터 하나님과 함께
본문: 창세기 1:1
대상: 주일 오전예배 / 신년 첫 주
톤: 비전 선언적이고 힘 있게
[S] 스텝:
  1. 하나님과 시작하는 삶의 중요성 선포
  2. 믿음과 계획의 균형 강조

3. 작심삼일이 아닌 '믿음의 동행' 권면

4. 실제 적용 예시 제안

[E] 예시:

  선언형 설교문

  주보 메시지

  신년 기도문

3) 청년 진로 설교문 템플릿

[R] 역할: 당신은 [미래에 대한 불안 속에서 방향을 찾고자 하는 청년을 격려하는 설교자]입니다.

[I] 의도: [청년들이 하나님의 인도를 신뢰하고 방향을 찾도록 돕습니다.]

[T] 작업:

  설교 제목: 길이 없어 보여도 길은 있다

  본문: 잠언 3:5-6

  대상: 청년부 / 청년 말씀집회

  톤: 공감 + 현실적인 조언

[S] 스텝:

1. 진로 고민에 대한 공감

2. 하나님의 주권 강조

3. 기도와 순종의 구체적 방법 제안

4. 간증 또는 실제 사례 공유

[E] 예시:

  설교문

  청년용 스토리 설교

  적용 포인트 요약

4) 가정 회복 설교문 템플릿

[R] 역할: 당신은 [깨진 가정을 회복시키는 복음의 도구가 되고자 하는 설교자]입니다.

[I] 의도: [예배 중심, 말씀 중심의 가정 회복을 선포]합니다.

[T] 작업:

설교 제목: 회복은 집에서부터 시작됩니다

본문: 여호수아 24:15

대상: 가정의 달 / 전 세대 예배

톤: 실천 중심 + 따뜻한 권면

[S] 스텝:

1. 가족의 갈등 현실 진단
2. 예배가 가정의 중심이 되어야 함 강조
3. 일상 속 가정 신앙 회복 방법 제안
4. 가정 공동기도, 말씀 훈련 권면

[E] 예시:

실천형 설교문

3대지 설교

가족 기도문

5) 부활절 설교문 템플릿

[R] 역할: 당신은 [부활의 능력을 선포하는 복음 중심 설교자]입니다.

[I] 의도: [절망의 시대에 부활의 소망을 선포]합니다.

[T] 작업:

설교 제목: 빈 무덤에서 시작된 희망

본문: 마태복음 28:6

대상: 부활절 대예배

톤: 선언적, 소망 중심

[S] 스텝:

1. 부활 사건의 역사성과 신학적 의미
2. 개인의 삶에 적용되는 부활의 능력
3. 다시 시작할 수 있는 믿음의 선언

[E] 예시:
　부활절 메시지
　부활 카드뉴스
　예배용 기도문

6) 공동체 분열 회복 설교문 템플릿

[R] 역할: 당신은 [깨어진 공동체를 말씀으로 치유하는 목회자]입니다.
[I] 의도: [용서와 회복을 통한 공동체의 회복을 인도]합니다.
[T] 작업:
　설교 제목: 찢겨진 곳에서 다시 연결하시는 하나님
　본문: 에스겔 37:1-10
　대상: 소그룹 / 교회 내부 회복 메시지
　톤: 부드럽고 중재적
[S] 스텝:
1. 분열된 상태 진단
2. 말씀이 회복시키는 능력 강조
3. 성령을 통한 공동체 재결합 메시지
[E] 예시:
　설교문
　회복 기도문
　나눔 질문

7) 새가족 환영 설교문 템플릿

[R] 역할: 당신은 [교회를 처음 찾은 이들에게 복음과 환대를 전하는 설교자]입니다.
[I] 의도: [새가족이 복음을 듣고 소속감을 느끼도록 인도]합니다.
[T] 작업:
　설교 제목: 여기, 당신을 위한 자리가 있습니다
　본문: 로마서 15:7
　대상: 새가족환영예배

톤: 친근하고 명확한 복음 중심

[S] 스텝:

1. 교회 공동체란 무엇인가 소개

2. 예수님의 환대와 용납 설명

3. 오늘 여기까지 인도하신 하나님의 섭리 강조

[E] 예시:

환영 설교문

카드 메시지

등록 권면 요약

8) 세례식 설교문 템플릿

[R] 역할: 당신은 [새 삶을 시작하는 이들에게 정체성과 소명을 선포하는 설교자]입니다.

[I] 의도: [세례의 신학적 의미와 삶의 변화 방향 제시]

[T] 작업:

설교 제목: 이제 나는 예수님과 함께

본문: 갈라디아서 2:20

대상: 세례자와 가족들

톤: 경건하고 간결하게

[S] 스텝:

1. 세례의 의미와 상징 해설

2. 예수님과 함께 죽고 다시 사는 믿음 강조

3. 공동체 앞에서 고백하는 신앙 선언 유도

[E] 예시:

세례 설교문

축복 기도문

고백형 카드뉴스

9) 전도집회 설교문 템플릿

[R] 역할: 당신은 [복음을 처음 듣는 이들에게 예수님의 사랑을 소개하는 복음 전도자]입니다.

[I] 의도: [복음을 명확하고 설득력 있게 소개]합니다.

[T] 작업:

설교 제목: 그럼에도 불구하고 사랑하십니다

본문: 로마서 5:8

대상: 초신자 / VIP 초청집회

톤: 감성적이고 단순하게

[S] 스텝:

1. 인간의 연약함과 죄 문제 제시
2. 하나님의 사랑과 십자가 중심 복음 제시
3. 회심을 권면하며 결단 촉구

[E] 예시:

 복음 설교문

 전도용 요약 설교

 한 문장 복음 요약

10) 회개와 회복 설교문 템플릿

[R] 역할: 당신은 [하나님께 돌아오도록 성도를 인도하는 회복 설교자]입니다.

[I] 의도: [회개를 통해 신앙의 회복과 은혜의 통로를 회복하게 함]

[T] 작업:

설교 제목: 처음 사랑을 회복하라

본문: 요한계시록 2:1-7

대상: 성숙한 성도들 / 교회 리더 대상 설교

톤: 도전적이면서 따뜻하게

[S] 스텝:

1. 신앙의 메마름 진단
2. 처음 사랑의 회복이 필요한 이유
3. 말씀/기도/헌신을 통한 회복의 구체적 방향 제시

[E] 예시:

설교문
회개 기도문
셀 적용질문

**바쁜 목회자를 위한
하루 10분 챗GPT 사용설명서**

초판1쇄발행 2025년 9월 15일

지은이	민진홍, 백형진
펴낸이	우지연
펴낸 곳	한사람
등록일	2020년 1월 30일
주소	경기도 의왕시 안양판교로 221, 403호
블로그	https://blog.naver.com/pleasure20
ISBN	979-11-92451-45-9 (13230)

값 20,000원

≡ 저자와의 협약으로 인지는 생략했습니다.
이 책의 저작권은 저자와 독점계약한 한사람 출판사에 있습니다.
무단전재와 무단복제를 금합니다.
잘못 만들어진 책은 구입하신 서점에서 바꿔드립니다.